1 Sweti-Zchoweli-Kirche
2 Alawerdi
3 Mamati
4 Alwani
5 Napareuli
6 Tsalendschicha
7 Zugidi
8 Chargali
9 Bezirk Ratscha
(Dörfer Glola, Paracheti)
10 Ssamgori-Ebene

SVLTO

»Wo wir in Russland auch waren ... überall hörten wir das magische Wort: Georgien. Menschen, die nie dort waren und vielleicht auch nie dahin fahren können, sprachen von Georgien ... man sprach über Georgien wie über ein zweites Paradies.«

John Steinbeck

Die Magie des Namens wirkt heute mehr denn je – Georgien, das Land Medeas und der Argonauten, einst der »Kontakthof« von Orient und Okzident, später die Côte d'Azur des Ostens. Aber das Paradies wird gerade umgebaut, mal brachial, mal behutsam.
Georgien – nur so groß wie Bayern, aber kulturell und landschaftlich so vielfältig wie ein ganzer Kontinent – ist ein Land im Umbruch. Immer mehr Touristen bereisen diese Gegend: vom archaischen Chewsuretien über das Wein-Eldorado Kachetien bis zur Schwarzmeerküste. Die kontrastvollen Regionen und die widerspruchsreiche Gesellschaft spiegeln sich in der Literatur Georgiens: reichhaltige literarische Vergangenheit ebenso wie viele aufsehenerregende Erzähler heutiger Zeit.

GEORGIEN

Eine literarische Einladung

Herausgegeben von
Manfred Heinfeldner und Lena Luczak

Verlag Klaus Wagenbach Berlin

Vorbemerkung

Georgien war die längste Zeit in seiner mehrtausendjährigen Geschichte eine Art »Mitte der Welt«. Zwischen Schwarzem Meer und Kaukasus lag es lange am Kreuzungspunkt von Handelswegen und kulturellen Strömungen – von West und Ost, von Nord und Süd.

Die Kulturgeschichte des Landes spiegelt das wider: mit einer eigenen Schrift und einer jahrhundertealten literarischen Tradition. Sie beginnt mit einer georgischen Version der Prometheus-Sage, dem Mythos »Amiraniani«, und umfasst alle Genres, vom Helden-Epos über Sagen und Märchen bis zu neuzeitlichen Erzählungen und Romanen neben Liedern und Gedichten.

Das heutige Georgien, und vor allem seine Hauptstadt Tbilissi, schillert und schwankt – zwischen teilweise archaischen Traditionen und hypermoderner Beliebigkeit, zwischen naiver Fortschrittssucht und konservativer Sehnsucht nach alten Werten und Ordnungen, zwischen überbordender Gastfreundschaft und nationalistischen Auswüchsen.

All das haben wir versucht, durch die Auswahl der Texte »erlesbar« werden zu lassen. Dabei wechseln wir zwischen der Innensicht georgischer Autorinnen und Autoren und den Perspektiven auswärtiger Besucher/Kenner des Landes. »Klassische« georgische Schriftsteller sind vertreten; aber auch die jüngeren Generationen, so wie Nino Haratischwili, die in der deutschsprachigen Leserschaft Georgien wieder auf die literarische Landkarte gestellt hat, und hierzulande noch unbekannte Autorinnen und Autoren wie etwa Iwa Pesuaschwili, dessen längerer Text einiges von den problematischen Seiten der georgischen Gesellschaft erkennbar werden lässt. Nicht nur die äußeren, extrem abwechslungsreichen Landschaften, in denen immer viel von dem längst Vergangenen aufzuspüren ist, werden so lebendig, sondern auch die mentalen, inneren, oft zerrissenen.

Georgien ist literarisch und touristisch noch ein »Abenteuerland« – und wir hoffen, unsere *Literarische Einladung* hilft bei dessen Entdeckung.

DAS LAND – EIN KÖNIG OHNE HOF

OTHAR TSCHELIDSE

Tiger-Ballade

Meeresstrand, sich windend,
Gegend, unbewohnt,
aus dem Schilf wie ein Wild
rannte hinaus der Mond.

Im hellen Röhricht
erwachte das Raubtier,
Feuer stürzte
in seine Augen.

Von Donner und Blitz
umgeben, erhob
die Tatze der Tiger,
den Mond zu fangen.

Als das Gestirn, blutrot,
sich niederlegte
auf dem Gebirge, sprang
der Tiger ihm nach.

Fort glitt der Mond
auf andere Gipfel,
unermüdlich der Tiger
hinter ihm her.

Der Beduinen Land
hinter sich lassend,
Schafherden, Pferde –
er sah nur den Mond.

Über Schluchten, reißende Strömungen,
nur von Ferne
sieht er den Mond, Rehrudel
läßt er links liegen.

Immer, die ganze Nacht hindurch, hinter
dem Monde her, gerät er
am Fuße des Berges
in eine Landschaft aus Traum.

Was sah er, der Tiger
blieb stehen, bezaubert
von dieser Erde, vergißt
die Berge, den Mond.

Steht wie versteinert,
vom Blitz getroffen,
wünscht sich, wiedergeboren
zu werden, der Tiger.

Sieht den Espenwald, sieht die Gärten,
Sommerweiden, den Aragwi,
sieht, sieht, an diese Stelle
gefesselt, keine andere lockt ihn mehr.

Lange stand er so, bis am Morgen
man ihn jagte und niederschoß,
er fiel zu Boden
und spürte kaum den Tod.

Legte sich auf den einsamen Weg,
leckte die Erde.
Viele hat so
Georgiens Schönheit getötet.

STEPHAN WACKWITZ

Griechische und römische Welt

Im Südkaukasus hat der mediterrane Kulturkreis seit Jahrtausenden das Persische im Süden berührt und das Skythische im Norden (denn auch die Ukraine gehört ja zu diesen vergessenen Rändern der Mittelmeerwelt). In Reiseführern liest man beiläufig, diese oder jene Burg sei von einem General Alexanders des Großen auf dem Weg nach Indien und Persien zerstört worden. Oder (Jahrhunderte später) erobert von Alexanders Bewunderer Pompeius dem Großen. Alanen, Hunnen, Goten und Perser waren hier, Kiptschaken, Osseten, Seldschuken. Dschingis Khan, Tamerlan und das russische Zarenreich terrorisierten und beherrschten den Südkaukasus. Den Berg Kasberg, an den Zeus der griechischen Mythologie zufolge Prometheus schmiedete, kann ich an schönen Tagen aus dem Bürofenster sehen. Und gegenüber der mittelalterlichen Hauptstadt Mzcheta mit der Kathedrale aus dem zehnten Jahrhundert liegt – kaum bemerkt von irgendjemandem und erreichbar nur über einen fast unsichtbar von der Landstraße abzweigenden Saumpfad, auf den ein verblasstes Schild hinweist – eine ausgedehnte antike Königsresidenz namens Armasisziche, in der es nicht nur einen Tempel der vorchristlichen Religion dieses Landes gibt (über die man so gut wie nichts weiß), sondern auch eine elaborierte Badeanlage, das Geschenk eines römischen Kaisers für die befreundeten Herrscher des kaukasischen Iberien. […]

Was wir heute Georgien nennen, war jahrhundertelang ein selbstverständlicher und selbstbewusster Teil der griechischen und römischen Welt.

BORIS PASTERNAK

Brief nach Georgien

30. 7. 1932

An Paolo Iaschwili

Mein lieber, teurer Paolo!

Wochen vergehen, dehnen sich zu Monaten, und wenn es so weitergeht, werden Sie nie erfahren, dass ich glücklich nach unserer Ankunft am See begonnen habe, Ihnen zu schreiben.

Mehrmals fing ich an und ließ die Briefe, weil sie endlos lang wurden, unfertig liegen. Sie wuchsen sich teils zu Exkursen aus über die Geschichte des Ural, teils waren es Versuche, Ihnen (!) zu erklären, was eigentlich Georgien sei.

Merkwürdig – kaum hatten wir uns hier häuslich eingerichtet, durchlebten wir den mit Ihnen verbrachten Sommer noch einmal. So aus einem Guss und in gleichbleibender Intensität geschah uns das zum ersten Mal. Es begann schon am Morgen, als wir in unserer Drei-Zimmer-Datscha aufwachten – das Uralgebietskomitee der Partei hat sie uns besorgt; wir gingen zum See und sahen am jenseitigen Ufer Wald, Hunderte von Werst; am diesseitigen Ufer: Fichten, Birken, schimmernde Wasserglätte, Wolken, Gräber eines verfallenen Friedhofes, nördliches, gewohntes Gamma. Wir verglichen nichts, sagten einfach wie aus einem Munde »Kodshory«, und dann mit wachsender Eindringlichkeit erstanden vor uns Tiflis, Okrochany, Kobulety, Zagweri und Bakuriani und all die Orte und Begebenheiten. Heute Morgen stand Tesik auf mit den Gedanken ganz bei Tamara Alexandrowna, morgen wird es jemand anderes sein. Schmerzhaft stark empfinde ich die Freude, Freude für Sie, dass Sie dort sind, dass dieses alles Sie umgibt und Sie alles sehen.

Es ist nicht nur der Süden und der Kaukasus, es ist die Schönheit, die abgründig und überall ringsum erschütternde Schönheit; und es sind nicht nur Tizian und Schanschiaschwili, Nadiradse und Mizischwili, Gaprindaschwili und Leonidse – in jeder Weise bemerkenswerte, unvergleichliche Menschen. Es ist noch mehr, und zwar etwas, das auf der ganzen Welt zur Seltenheit geworden ist. Weil (ungeachtet der märchenhaften Sonderart) Georgien in viel allgemeinerer Beziehung ein Land ist als jedes andere, ein Land, das in wunderbarer Weise in seiner Existenz keine Unterbrechung erlitt, das es noch jetzt auf der Erde gibt, das nicht in die Sphäre des Abstrakten übergegangen ist, ein Land mit unverfälschten Farben und vierundzwanzigstündiger Wirklichkeit, wie groß auch seine jetzigen Verluste sein mögen.

Genau in diesem Licht erkannten wir nun Georgien und waren betroffen von der mit Ihnen durchlebten Zeit wie von etwas Unausdenkbarem, einer Legende. Ach, wahrscheinlich habe ich das damals vorausgefühlt, als ich mit M. S. Dschawaschischwili über Georgien sprach, über Georgien als Form, und mich verwirrte, keinen Ausdruck fand ... Und jetzt ist es mir klar. Diese Stadt Tiflis mit allem, was ich in ihr gesehen habe, mit allem, weswegen ich aus ihr hinausfuhr, und mit allem, was ich in sie einbrachte, wird für mich zu dem werden, was Chopin, Skrjabin, Marburg, Venedig und Rilke für mich geworden sind: Es wird zu einem Kapitel des »Sicheren Geleits« werden, das mein ganzes Leben stützt. Eines von diesen, wie Sie wissen, wenigen Kapiteln. Und es wird bald erfüllt werden. Ich sage: »wird«, denn ich bin Schriftsteller, alles muss sich umsetzen und seinen Ausdruck finden; ich sage: »wird«, denn all das hat in mir schon begonnen.

Darum schreibe ich Ihnen Brief auf Brief und vernichte die Briefe konsequent. Denn das alles ist nicht mehr Gegenstand freier, willkürlicher Korrespondenz. Der Kreis der Erinnerungen hat mich schon in seiner Gewalt:

schon schreibt *er* mich, wie Tizian sagen würde. Er ist zu etwas Selbstständigem geworden, in der fertigen Gestalt des gefundenen Seelenzustandes, ähnlich einer blühenden Pflanze, d. h. fähig, sich selbst zu ernähren von all dem, was ich erlebe und noch erleben werde; und solange dieser Seelenzustand nicht abgelöst wird von einem neuen Zentrum gleicher Intensität, d. h. Skrjabin, Rilke, Venedig und Tiflis entsprechend, werden alle Säfte im Laufe der Zeit sich ausbreiten und ihn nähren. Ein offen zu Tage liegendes Beispiel: In den Ural, wie mir jetzt klar geworden ist, fuhr ich *deswegen*, wegen Tiflis. Aber im Brief kann man darüber nur schwer schreiben, und würde er fünfmal so lang. Und im Brief, das ist klar, lässt sich nicht alles sagen. Was für Gedanken und Einfälle mir auch kommen werden, Georgien in meiner nächsten Arbeit zu übergehen ist nicht möglich.

NINO HARATISCHWILI

Die Macht des Kaffeesatzes

Geboren wurde ich am 8. November 1973, in einer Dorfklinik, nicht weiter erwähnenswert, in der Nähe von Tbilissi, Georgien.

Es ist ein kleines Land. Es ist auch schön, dem kann ich nichts entgegensetzen, sogar du wirst mir zustimmen, Brilka. Mit Bergen und einer steinigen Küste am Schwarzen Meer. Die Küste ist zwar im Laufe des letzten Jahrhunderts um einiges geschrumpft, dank der großen Zahl an Bürgerkriegen, dämlichen politischen Entscheidungen, hasserfüllten Konflikten, aber ein schöner Teil davon ist noch da.

Auch wenn du die Legende allzu gut kennst, Brilka, möchte ich sie an dieser Stelle kurz erwähnen, um dir deutlich zu machen, worauf ich hinauswill; die Legende, nach der unser Land folgendermaßen entstand:

Gott teilte eines schönen, sonnigen Tages seine von ihm erschaffene Erdkugel in Länder auf (das muss noch lange vor dem Turmbau zu Babel gewesen sein) und veranstaltete einen Jahrmarkt, auf dem alle Menschen sich lautstark überboten, um die Gunst von Gott buhlend, in der Hoffnung, so das beste Fleckchen Erde abzukriegen (ich vermute, die Italiener waren die Effektivsten in der Kunst der Beeindruckung, und die Tschuktschen hatten es nicht so recht drauf). Nach einem langen Tag war die Welt in viele Länder aufgeteilt und Gott müde. Aber Gott – so weise wie eh und je – hatte für sich natürlich eine Art Urlaubssitz zurückbehalten, das schönste Fleckchen Erde: reich an Flüssen, an Wasserfällen, an saftigen Früchten und – er muss es geahnt haben – mit dem besten Wein der Welt. Und als sich die aufgeregten Menschen auf den Weg in ihre neue Heimat gemacht hatten, wollte sich der liebe Gott unter einem schattigen Baum ausruhen, wo er einen schnarchenden Mann entdeckte (bestimmt mit einem Schnurrbart und einer gemütlichen Wampe, so habe ich ihn mir zumindest immer vorgestellt). Er war bei der Aufteilung nicht dabei gewesen, und Gott wunderte sich. Er weckte ihn und fragte, was er hier tue und warum er kein Interesse an einer eigenen Heimat habe. Der Mann lächelte mild (vielleicht hatte er sich bereits ein, zwei Gläschen Rotwein genehmigt) und meinte (da gibt es verschiedene Versionen der Legende, aber einigen wir uns auf diese), dass er auch so zufrieden sei, die Sonne scheine, es sei ein herrlicher Tag und er würde sich mit dem begnügen, was Gott für ihn übrig hätte. Und der liebe Gott, gütig wie eh und je, beeindruckt von der Lässigkeit und dem nicht vorhandenen Ehrgeiz des Mannes, schenkte ihm sein eigenes Urlaubsparadies, also Georgien, das Land, aus dem du, Brilka, ich und die meisten Menschen, von denen ich in unserer Geschichte berichten werde, stammen.

Was ich damit sagen will, ist: Bedenke, dass diese Lässigkeit (sprich Faulheit) und der nicht vorhandene Ehrgeiz (das Fehlen von Argumenten) in unserem Land als wahrlich erhabene Eigenschaften gelten. Bedenke auch, dass trotz einer tiefreichenden Identifikation mit dem lieben Gott (natürlich dem orthodoxen Gott und keinem anderen) es die Menschen dieses Landes nicht davon abhält, an alles zu glauben, was auch nur ansatzweise märchenhaft, geheimnisvoll oder legendär anmutet – und das muss keineswegs nur die Bibel sein.

Ob es die Riesen in den Bergen sind, die hauseigenen Gespenster, die bösen Blicke, die einen Menschen ins Unglück stürzen können, die einen Fluch nach sich ziehenden schwarzen Katzen, die Macht des Kaffeesatzes oder die Wahrheit, die nur die Karten enthüllen (heutzutage, sagtest du ja, ließe man sich sogar neue Autos mit Weihwasser bespritzen, um möglichst unfallfrei zu bleiben).

Das Land, ehemals die goldene Kolchis, die den Griechen das Geheimnis der Liebe in Form des Goldenen Vlieses hat mitgeben müssen, da die widerspenstige und bis zur Besinnungslosigkeit verliebte Königstochter Medea das so befahl.

Das Land, das bei seinen Bewohnern liebenswerte Eigenschaften wie die heiliggesprochene Gastfreundschaft und weniger liebenswerte Eigenschaften wie Faulheit, Opportunismus und Konformismus begünstigt (das wird keineswegs von der Mehrheit so wahrgenommen, auch darin sind wir uns beide einig). Das Land, in dessen Sprache es kein Geschlecht gibt (keineswegs gleichzusetzen mit Gleichberechtigung).

Ein Land, das im letzten Jahrhundert nach 135 Jahren zaristischer und russischer Schirmherrschaft es genau vier Jahre lang schaffte, eine Demokratie zu errichten, bis sie schließlich erneut von den größtenteils russischen, aber auch georgischen Bolschewiken gestürzt und als Sozialistische Republik Georgien und somit als eine Teilrepublik der Sowjetunion proklamiert wurde.

In dieser *Union* blieb das Land für die nächsten siebzig Jahre. Es folgten mehrere Umbrüche, blutig niedergemetzelte Demonstrationen, etliche Bürgerkriege, schließlich die lang ersehnte Demokratie, obwohl die Bezeichnung eine Frage der Perspektive und der Auslegung geblieben ist.

Ich finde, dass unser Land durchaus sehr komisch sein kann (nicht nur tragisch, will ich damit sagen). Dass in unserem Land auch das Vergessen sehr gut möglich ist, einhergehend mit dem Verdrängen. Verdrängen von eigenen Wunden, von eigenen Fehlern, aber auch von zu Unrecht zugefügtem Schmerz, von Unterdrückung, von Verlusten. Trotzdem hebt man ja das Glas und lacht. Das finde ich beeindruckend, angesichts der wenig erfreulichen Dinge, die das letzte Jahrhundert mit sich gebracht hat und an deren Folgen die Menschen bis heute leiden (auch wenn ich dich hier bereits widersprechen höre!).

Es ist ein Land, aus dem außer den großen Henkern des 20. Jahrhunderts auch viele wunderbare Menschen stammen, die ich persönlich sehr liebte und liebe. Manche von ihnen sind geflohen, manche haben sich auf der Suche verlaufen, manche leben nicht mehr, manche sind zurückgekehrt, manche haben ihre großen Tage bereits hinter sich oder hoffen noch auf sie, aber die meisten kennt keiner.

Ein Land, das bis heute seinem Goldenen Zeitalter zwischen dem 10. und dem 13. Jahrhundert nachweint und hofft, eines Tages wieder den einstigen Glanz zurückzugewinnen (ja, Progress heißt in unserem Land gleichzeitig immer auch Regress).

Traditionen erscheinen wie ein fahler Abglanz dessen, was sie einst waren. Das Streben nach Freiheit gleicht der sinnlosen Suche nach ungewissen Ufern, denn man hat sich vor allem in den letzten achtzehn Jahren nicht einmal darauf verständigen können, was genau man unter Freiheit versteht.

Und so gleicht das Land, in dem ich vor zweiunddreißig Jahren auf die Welt gekommen bin, heute einem König, der immer noch mit einer glänzenden Krone und einem prachtvollen Mantel dasitzt, Befehle erteilt, schaltet und waltet – ohne wahrzunehmen, dass sein ganzer Hof längst geflohen und er allein ist.

Verursache keine Unannehmlichkeiten – so lautet das oberste Gebot in diesem Land. Das hast du mir einmal auf unserer Fahrt gesagt, und ich habe es mir gemerkt (ich habe mir alles gemerkt, was du mir auf unserer Fahrt gesagt hast, Brilka).

Und ich füge dem noch hinzu: Lebe gefälligst so, wie deine Eltern gelebt haben, sei selten, besser nie allein. Alleinsein ist gefährlich und unnütz. Das Land vergöttert die Gemeinschaft und misstraut dem Einzelgänger. Tritt in Cliquen, mit Freunden, in familiären Gemeinschaften und Interessenkreisen auf – alleine bist du wenig wert.

Pflanze dich fort, wir sind ein kleines Land und müssen fortbestehen – dieses Gebot ist gleichgesetzt mit dem ersten Gebot. Sei immer stolz auf dein Land, verlerne nie deine Sprache, finde das Ausland, egal welches, schön, spannend und interessant, aber niemals, nie, nie besser als deine Heimat.

Finde immer Macken und Eigenschaften bei den Menschen anderer Nationen, die in Georgien mindestens skandalös wären, und rege dich darüber auf: der Geiz im Allgemeinen, also der nicht vorhandene Wille, dein ganzes Geld für die Gemeinschaft auszugeben, die mangelnde Gastfreundschaft, also der fehlende Wille, bei jedem Besuch dein ganzes Leben umzustellen, die schwache Trink- und Essbereitschaft, also die Unfähigkeit, bis zum Umfallen zu saufen, ein nicht vorhandenes musikalisches Talent – das wären solche Eigenschaften.

Verhalte dich tendenziell offen, tolerant, verständnisvoll und an anderen Kulturen interessiert, solange diese die Besonderheit und Einzigartigkeit deiner Heimat achten und stets bejahen. Sei (in den letzten achtzehn Jahren wieder) gläubig, gehe in die Kirche, hinterfrage nichts, was mit der orthodoxen Kirche zu tun hat; denke nicht eigenständig, bekreuzige dich jedes Mal, wenn du eine Kirche siehst (das ist sehr en vogue, sagtest du!), also ungefähr zehntausend Mal am Tag, wenn du dich in der Hauptstadt befindest. Kritisiere nichts, was heilig ist – das heißt ungefähr alles, was mit diesem Land zu tun hat.

O sing, Du Schöne, sing mir nicht / Georgiens wehmutsvolle Lieder / Sie wecken mir ein Traumgesicht / Mir fernes Land und Leben wieder.

Puschkin

ZAZA BURCHULADZE

Lust auf gute Taten

Man sagt, den Bürger überkomme besonders nach dem Krieg die Lust auf gute Taten. Eine ziemlich halbgare Weisheit, aus der nicht klar wird, worum es geht: Ehre oder Perversion. Erst kürzlich habe ich dieses Verhalten selbst beobachten können. Ein Demonstrant (mit einer roten Fahne am Holzstiel, zerfetzten Jeans und Armeestiefeln), unterwegs vom Prenzlauer Berg Richtung Kreuzberg zur 1.-Mai-Demonstration, erwarb in der U-Bahn am Automaten ganz brav ein Ticket und entwertete es auch noch vor der Abfahrt, ich meine, genau der Typ Demonstrant, der sich bei der Demo höchstwahrscheinlich mit der Polizei prügelt, Bankschaufenster einwirft und umgekippte Autos anzündet. In Tbilissi hingegen habe ich Leute gesehen, die einen Mercedes S-Klasse in der Garage stehen haben und den Zähler in der Wohnung mit einem Streifen Fotofilm anhalten, um Stromkosten zu sparen. Vielleicht spiele ich hier auch mit Allgemeinplätzen, aber das Fazit ist doch, dass der *homo civis* hier in Berlin nur in besonderen Ausnahmefällen gegen die Ordnung verstößt, wir Georgier aber nur in besonderen Ausnahmefällen die Ordnung einhalten. Wenn keines von beiden eine Perversion ist, muss es eine Frage der Ehre sein. Um das besser zu verstehen, muss man die wichtigsten – gern bei Trinksprüchen vorgebrachten – soziokulturellen Kategorien Georgiens kennen: die Standfestigkeit, was so viel heißt wie unwiderruflich von sich selbst eingenommen zu sein. Die allseitige Verbrüderung, also ein schweigsames Nebeneinandersitzen zweier Männer, die rauchen. Und eine Alles-Versteher-Attitüde, die oftmals dazu dient, sich gegenseitig bei allerlei Machenschaften zu decken.

Immer wieder hört man von den Georgiern, die in Berlin leben, dass wir daheim dieses Niveau niemals erreichen werden usw. Dabei schwingen in ihren Stimmen masochistisch zufriedene Töne mit. Wie bitte? In Tbilissi ist doch alles genauso wie hier, nur umgekehrt. Wer weiß denn, was eine größere Perversion ist, ein revolutionärer Demonstrant, der ein Ticket entwertet, oder ein Mercedesfahrer, der einen Streifen Fotofilm in den Stromzähler steckt?

TBILISSI – DRAHTSEILAKTE

ANONYM (UM 458)

Die Gründung von Tbilissi

Der Ort, an dem heute Tbilissi liegt, war früher von dichtem Wald bestanden, in dem zahlreiches Wild lebte. Einmal jagte König Wachtang Gorgasal in jener Gegend und ließ einen abgerichteten Falken nach einem Fasan steigen. Beide verschwanden in einer Schlucht, und keiner von ihnen kam wieder zum Vorschein. Da stieg König Wachtang mit seinem Gefolge in die Schlucht hinab. Dort sah er eine heiße Quelle fließen und fand darin gar gekocht den Falken mit dem Fasan. Wachtang untersuchte die Umgebung des Ortes, erkannte die Heilkraft dieser heißen Quelle und beschloss, hier eine Stadt zu erbauen. Er befahl, den Wald zu roden, den Ort zu säubern und mit dem Häuserbau zu beginnen. Wegen des warmen Wassers, das hier entsprang, nannte er diese Stadt Tbilissi.

Tbilissi
Stadt der Dichterträume,
Märchenstadt aus Zauberland.

Iosseb Noneschwili

DATO TURASCHWILI
Gega

Auch Gegas Vater war berühmt und erfolgreich. Er war Filmregisseur, hatte schon in jungen Jahren bekannte Filme gedreht und in den sechziger Jahren als einer der Ersten in Georgien renommierte internationale Preise abgeräumt. Aber bereits als junger Künstler stand für ihn der Schaffensprozess im Vordergrund; Ruhm und Auszeichnungen waren dabei eher nebensächlich. So hatte er sich, im Gegensatz zu der älteren Generation der Filmschaffenden, auch stets geweigert, sich mit der sowjetischen Elite gemein zu machen, und stattdessen beschlossen, sein Leben ausschließlich der Filmkunst zu widmen. Für die Sowjetregierung war solch ein Präzedenzfall natürlich vollkommen inakzeptabel. Dem kommunistischen Regime passte die Existenz eines ungehorsamen Regisseurs in Georgien überhaupt nicht, und so wurde es Gegas Vater kurzerhand verboten, weitere Filme zu drehen. Offiziell hatte das ZK keinerlei Beschluss dazu gefasst; sie ließen Gegas Vater einfach inoffiziell wissen, dass sie ihm keine Drehgenehmigung mehr erteilen würden. Die sowjetische Regierung Georgiens kannte die Konformität der Elite nur zu gut, und so setzten sie auch hier auf deren Schwäche. Gegas Vater blieb seinen Prinzipien treu, erlernte das Tischlerhandwerk und fing an, Parkett zu verlegen. Ganz wie ein einfacher Arbeiter.

Der größte Teil der damaligen degenerierten und servilen Elite empfand körperliche Arbeit als peinlich und unwürdig und reagierte mit Empörung auf die Prinzipientreue des Regisseurs. Dieser eigenartige Mensch, der nicht akzeptieren konnte, dass er seine künstlerische Freiheit für die bizarre sowjetische Lüge opfern sollte, war ihnen zutiefst verhasst. Gegas Vater hingegen war fest davon überzeugt, dass das Unwürdige und Peinliche gerade das Handeln der georgischen Elite war und nicht etwa die physische Arbeit. Sein ungewöhnlicher Protest war Gesprächsstoff für Tbilissi und ganz Georgien. Alle sprachen und diskutierten darüber, selbst diejenigen, die seine Filme gar nicht kannten. Ob die Geschichte seiner Selbstdegradierung tatsächlich der Wahrheit entsprach oder nicht, wusste niemand. Es hätte auch nur ein Gerücht oder eine nette Geschichte sein können, erfunden von Menschen, die sich unter den Mitgliedern der sogenannten Elite wenigstens einen richtigen Protestler wünschten. Man munkelte, dass er als Zeichen seines Protestes sogar seine Kinder, darunter Gega, von der sowjetischen Schule abgemeldet habe und ihnen selbst Hausunterricht erteile. Doch niemand wusste Genaueres, obwohl man im damaligen Tbilissi weit mehr darüber sprach als über den russisch-afghanischen Krieg.

Was jedoch nicht infrage gestellt wurde, war Gegas außergewöhnliche schauspielerische Begabung. Deswegen war Gega auch als Hauptdarsteller für Tengis Abuladses[1] neuen Film auserkoren worden. Und genau da tauchte nun ein Mädchen auf, das zur Hauptperson in seinem Lebensfilm werden sollte. Tina, die wunderschöne 18-jährige Malerin, wünschte sich, nachdem ihre erste Begegnung eher außergewöhnlich verlaufen war und ihre Beziehung mit einem Streit angefangen hatte, bei ihrem ersten richtigen Rendezvous ganz allein zu sein. Sie wollte absolute Zweisamkeit. So trafen sich die beiden eines Morgens bei Dämmerung auf dem Rustavelis Gamsiri[2]. Die Straßen waren vollkommen menschenleer, und Gega, der an einer Verletzung litt, ärgerte sich über das merkwürdige Ansinnen Tinas. So früh war er noch nie auf den Beinen gewesen. Tina jedoch wirkte sehr zufrieden. Sie saß neben Gega auf einer Bank und schaute lächelnd dem einsamen Straßenkehrer zu, der rhythmisch seinen großen Besen schwang. Er ging seiner Arbeit schweigend nach, und die Stille wurde nur durch das Geräusch des Herbstlaubs gestört.

Tina beugte sich zu Gega hinüber und flüsterte ihm zu: »In dieser Stadt sind wir jetzt die einzigen Menschen. Nur du und ich und niemand sonst.«

»Du und ich und noch jemand ...«, sagte Gega und nickte grinsend zum Straßenkehrer hinüber.

Tina ignorierte seinen Scherz und sagte, wieder im Flüsterton: »In dieser Stadt, in diesem ganzen Universum, nur wir zwei.«

Gega musste an den französischen Film *Endstation Schafott* denken, der zu jener Zeit in allen Kinos lief. Er wollte aber nicht länger scherzen und hörte auf zu grinsen. Denn er hatte begriffen, dass dieses Mädchen mit solchen Witzen nicht zu beeindrucken war. Also nahm er sich zusammen und fragte Tina: »Wirklich nur wir zwei?«

»Nur wir zwei, du und ich. Willst du?«

»Ich will.«

»Und kannst du auch?«

»Ich kann.«

»Kannst du mich dann morgen noch früher abholen?«

»Noch früher? Da ist es doch noch dunkel.«

»Lass uns noch vor der Morgendämmerung aufbrechen und zum Mtazminda[3] hinauflaufen.«

»Zu Fuß?«

»Ja, zu Fuß. Schauen wir uns den Sonnenaufgang an. Willst du?«

»Ich will«, sagte Gega zögerlich, obwohl er dazu eigentlich überhaupt keine Lust hatte.

Auf der Straße fuhr das erste Auto vorbei, und der Blick des verwunderten Fahrers fiel auf die beiden jungen Leute, die da in aller Frühe auf der Bank saßen.

»Gehen wir!«, sagte Tina und stand auf.

Gegen Mittag kam Dato bei Gega vorbei und weckte ihn auf. Gegas Mutter freute sich sehr über Datos Kommen, weil Gega sonst den ganzen Tag geschlafen hätte.

»Bei Sonnenaufgang ist er weggegangen, dann ist er zurückgekommen, hat eine Tasse Tee getrunken und sich schlafen gelegt«, sagte Natela lächelnd zu Dato. Natürlich wusste sie längst, dass ihr Sohn verliebt war.

Geräuschvoll öffnete die Mutter die Tür zu Gegas Zimmer. Dato klatschte laut in die Hände, und nachdem Natela das Zimmer wieder verlassen hatte, fragte er seinen verschlafen blinzelnden Kumpel:

»Junge, bist du etwa verliebt?«

»Wie kommst du denn darauf?«, fragte Gega und richtete sich auf.

»Die *Stimme Amerikas*[4] hat gerade darüber berichtet«, sagte Dato fröhlich und wies auf das Sternenbanner an der Wand.

»Morgen muss ich wieder so früh aufstehen.«

»Deine Mutter sagte, du warst schon bei Sonnenaufgang auf den Beinen.«

»Morgen werde ich noch früher aufstehen müssen. Bei Sonnenaufgang wollen wir auf dem Mtazminda sein.«

»Wollt ihr etwa Kekes Grab[5] besichtigen?«

»Nein, wir wollen uns nur den Sonnenaufgang anschauen.«

»Wo geht hier in Tbilissi die Sonne eigentlich auf? Darüber habe ich mir noch nie Gedanken gemacht.«

»Hast du jemals den Himmel über Tbilissi betrachtet?«

»Kann schon sein ...«

»Erinnerst du dich überhaupt noch daran, wann du das letzte Mal in den Himmel geschaut hast?«

»Nein.«

»Das ist der einzige Makel, den Städte so an sich haben. Man kann den Sternenhimmel nicht sehen.«

Verwundert trat Dato zum Fenster, blickte zum Himmel hinauf und fragte Gega mit einem vieldeutigen Grinsen: »Das hat sie dir gesagt, oder?«

»Nein, da bin ich selbst draufgekommen«, erwiderte Gega, nun seinerseits grinsend, während er ebenfalls zum Fenster ging.

»Von hier aus kann man den Himmel wirklich nicht sehen.«

»Weil das Haus gegenüber zu hoch ist.«

»Was sollen dann erst die Leute in New York machen?«

»Wenn ich in New York wohnen würde, müsste ich nicht mehr zum Himmel schauen.«

»Bevor du New York besichtigst, solltest du erst mal mit ins Kloster kommen. Sosso kommt auch mit. Wenn dir der Himmel so fehlt, von dort kannst du ihn gut sehen. Das wird dir wirklich gefallen, ein traumhafter Ort!«

»Ich hab dir doch gesagt, wo ich morgen hingehe. Nächsten Samstag kann ich mitkommen.«

Für ein paar Minuten sagte keiner der beiden mehr etwas, bis Dato wieder mit einem anderen Gesprächsthema anfing: »Auf welcher Seite ist eigentlich die Milizstation?«

»Auf der anderen Seite. Wenn mein Zimmer auf der Seite wäre, dann könnte ich nachts nicht mehr schlafen.«

»Warum?«

»Weil sie nachts die Leute verprügeln. Man hört da so laute Schreie, dass alle, deren Schlafzimmer auf der anderen Seite lagen, ausgezogen sind und ihre Wohnungen verkauft haben.«

»Was meinst du mit ›verprügeln‹?«

»Sie foltern sie.«

»Wen?«

»Die Schuldigen, wen denn sonst? Bei uns werden ja bekanntlich keine Unschuldigen verhaftet, und ...«

Dato machte plötzlich ein so ernstes und nachdenkliches Gesicht, dass Gega seinen Satz unvollendet ließ und seinen Freund anlächelte:

»Keine Angst, ich hab doch nur einen Scherz gemacht.«

»Ich weiß.«

»Ich würde dich trotzdem davor warnen, in die Fänge der Miliz zu geraten«, sagte Gega und rief seiner Mutter zu: »Wir gehen.«

Natela kam aus ihrem Zimmer, verabschiedete sich von Dato und richtete Gegas Kragen. Wie üblich gab er ihr einen Kuss, bevor er ging. Wie immer sperrte die Mutter die Tür ab und trat dann zum Fenster, um ihrem Sohn hinterherzuschauen. Gega wusste das und winkte zum Abschied wie immer mit dem linken Bein, ohne sich noch einmal umzudrehen.

1 Tengis Abuladse: georgischer Filmregisseur (1924–1994)
2 Hauptverkehrsstraße und Flaniermeile im Zentrum von Tbilissi
3 Heiliger Berg in Tbilissi
4 *Stimme Amerikas (Voice of America)*: staatlicher Auslandssender der USA
5 Keke: Spitzname von Ketewan Geladse (1855–1937), der Mutter von Stalin, die auf dem Pantheon am Mtazminda begraben ist

FRIED NIELSEN

Winterabende nach der Unabhängigkeit

In Tiflis selber gibt es an den Winterabenden (1992) wenig Abwechslung. Nur die Philharmonie in der Agmaschenebeli-Straße bot uns Zerstreuung. In manchen Wochen besuchten wir fast täglich die Konzerte, die unter der Leitung von Wachtang Kachidse oder Wato Matschawariani wegen der Sperrstunden am frühen Nachmittag begannen. Im ungeheizten Konzertsaal war es eiskalt. Wir saßen in unseren Lodenmänteln, die Hände tief in den Taschen vergraben. Die jungen Mädchen kamen in Nerzen und anderen Pelzen. Sie waren guter Laune, ja beschwingt. Der wirtschaftlichen Misere trotzten sie, indem sie ihr keine Beachtung schenkten, so taten, als gäbe es sie nicht. Die Musiker spielten im Smoking, die Damen in weißer Bluse. Sie mussten frieren, ließen es uns aber nicht merken. Ihre Hände waren blau und klamm von der Kälte. Sie spielten das klassische Repertoire, aber auch neue Werke des georgischen Komponisten Gia Kantscheli. Einige seiner Stücke zeichnen sich dadurch aus, dass nach langen Sequenzen leisester Töne plötzlich das Orchester mit einem lauten Fortissimo-Schlag einsetzt. Besonders gern beobachtete ich dabei den Paukisten, der bei seinen Schlägen Reihe für Reihe den schönsten Mädchen zuzwinkerte.

Nach den Konzerten waren wir oft zum Abendessen eingeladen bei Freunden, Bekannten oder Fremden, die uns eine Freude bereiten wollten. Immer gern waren wir zu Gast bei Giwi und Ella Dauschwili in Saburtalo. Ihr Sohn Kote arbeitete im Protokoll des georgischen Außenministeriums und war der Freund unserer Sekretärin Marita Rademacher.

Giwi, den Hausherren, ernennen wir zum Tamada. Das Wort bedeutet auf Deutsch so viel wie »Zeremonienmeister«. Er steht der traditionellen georgischen Tafel vor, der *supra*. Der Tamada wird – in einem mehr oder weniger demokratischen Akt – bestimmt. In der Regel fällt die Wahl auf den Gastgeber oder die gesellschaftlich ranghöchste Person. Der Tamada ist fast immer ein Mann, ich habe aber auch Frauen in dieser Rolle erlebt.

Heute sind wir eine lockere Runde von Freunden, so dass Giwi als Tamada nicht gezwungen ist, auf das Wohl eines jeden von uns zu trinken. Solch ein Abendessen würde länger dauern. Trotzdem bleibt ein Kanon von Trinksprüchen, die Giwi ausbringen muss: auf die Freundschaft, auf das Wohl der Gäste, auf die Eltern, auf die Toten, auf die Kinder, auf die Frauen am Tisch, auf die Liebe, auf die Mütter, auf den Frieden, auf Ella als Gastgeberin. Jetzt trinkt Giwi auf Georgien, auf seine große Geschichte und seine bessere Zukunft, auf die wir alle hoffen: »Auf Georgien!«, erhebt Giwi sein Glas; wir stehen auf und trinken auf dieses wunderschöne Land, in dem es im Januar mit Heizung und Strom noch schöner wäre. In der grimmigen Kälte von Giwis und Ellas Wohnung verdampft unser Atem zu flüchtigen Wolken, als wären wir kleine Kraftwerke.

Nur wenige Kerzen, in deren schwachem Schein Soppos hübsches Gesicht schimmert, erhellen das geräumige Wohnzimmer mit den in Georgien üblichen Schwarz-Weiß-Fotografien der Vorfahren an der Wand.

»Alawerdi«, ruft Giwi und fordert damit jeden von uns auf, einen Trinkspruch auf Georgien auszubringen. Damit hat Giwi einen Redewettstreit eröffnet, der bei null Grad und ohne Strom einiger rhetorischer Phantasie bedarf. Ich wandele das Thema ab und trinke auf die georgischen Frauen. Ein anderes Mal hatte ich in ähnlicher Situation – sozusagen als Trost – darüber gesprochen, dass sich auch Deutschland in einer wirtschaftlichen Krise befinde. Ich glaubte, dass mir die Tischgäste gespannt zuhörten, bis sie plötzlich in ein schallendes Gelächter ausbrachen. Ich war als Redner blamabel gescheitert: Eine »deutsche« Krise hätten die Georgier gern einmal.

Plötzlich glimmen die Drähte der Glühbirnen dunkelrot auf. »Schuki – Strom!«, ruft Marita. Die Drähte verfärben sich in ein helleres Rot, dann leuchten sie im Orange der Apfelsinen auf. Aus der Nachbarwohnung klingt ein langgezogenes, erwartungsfrohes »Ooooh« herüber, das langsam die Tonleiter erklimmt. Gespannt starren wir auf die Glühbirnen. Seit zwei Tagen sind wir: ohne Strom! Soso Chudschiaschwili, unser Freund aus dem Außenhandelsministerium, der im Hintergrund Jazz auf einem Klavier aus der DDR spielt, feuert die Glühbirnen mit fetzigen Rhythmen an. Und tatsächlich erstrahlen sie mit einem Mal in einem hellen weißen Licht. In der Nachbarwohnung wird geklatscht; wir rufen bravo. Da gibt es ein »Klack«, und wir sitzen wieder im Kerzenschein. Soso spielt einen Trauermarsch, der von dem Geknatter der Maschinenpistolen im Hof und auf der Straße untermalt wird.

Wir bleiben guter Laune. Kote, der sich mit Merab Mikeladse in den Armen liegt, trinkt auf Marita. Merabs Bruder, Schalwa, hat sich nach Chatschapuri, Schaschlik und einigen Gläsern Manawi auf das Sofa zurückgezogen und döst ein wenig. Er wacht erst auf, als Ella mit einer großen, dampfenden Schüssel Chinkali das Wohnzimmer betritt. Chinkali sind Maultaschen, die wie kleine Tabaksbeutel aussehen und mit Schweine- oder Hammelfleisch gefüllt sind. Wir essen sie mit den Händen, indem wir sie an den kleinen, pilzähnlichen Stängeln fassen. Dazu schmatzen wir. Das ist beim Essen von Chinkali üblich und unvermeidlich.

Giwi hält nun einen Trinkspruch – er spricht deutsch, englisch und georgisch durcheinander – auf Samson Karbelaschwili, der wie Giwi Dozent am Institut für Fremdsprachen in Tiflis ist – Giwi für Englisch, Samson für Deutsch; Giwi spricht über Samsons unermüdlichen Einsatz für seine Studenten und seine wissenschaftlichen

Arbeiten. (Samson schreibt ein Lexikon – zur Wortbildung der deutschen Sprache.) So sind die Trinksprüche in Georgien. Sie loben und preisen, sie huldigen und schmeicheln. In unseren Ohren klingt das manchmal wie Lobhudelei, aber – eben nicht nur in unseren. Weshalb sich diese Tischsitte über die Jahrhunderte bewahrt hat, können auch Samson und ich in unserem Gespräch nicht klären. Vielleicht liegt ein Grund in der Geschichte Georgiens, die nie wieder an das »Goldene Zeitalter« des Mittelalters anknüpfen konnte. Während der schweren Bedrängnis durch die Feinde aus dem Süden und Norden vergewisserten sich die Georgier ihrer sittlichen Werte und Tugenden durch die Trinksprüche auf den Gastmahlen. Die Trinksprüche preisen ja immer das moralisch Wertvolle, wie auch heute Abend. So wird die Tafel zum Hüter der Moral. Samson aber winkt über diese Gedanken müde ab. Er glaubt das alles nicht: Der Grund, warum es in Georgien einen Tamada gebe, sei viel einfacher: »Die Georgier brauchen einen Führer. Sonst klappt nichts.« Giwi bemerkt dazu nur: »Auch mit Führer klappt nichts.«

Es ist wieder einmal spät geworden. Wir brechen auf und fahren durch die schneidend kalte Nacht über den menschenleeren Rustaweli-Prospekt nach Hause. Nur vor den staatlichen Brotgeschäften haben sich kleinere Gruppen älterer Männer versammelt. Vor ihren Holzfeuerchen stampfen sie von einem Bein auf das andere und schlagen sich in die Hände, um sich aufzuwärmen. Sie werden noch bis zum Morgengrauen warten müssen, bevor ihnen ein klappriger Lastwagen das staatlich rationierte Brot bringen wird.

In Wera haben vereinzelte Häuser Licht. Aber meine Hoffnung, dass Wake Strom haben könnte, wird enttäuscht. Im Innenhof meines Hauses steige ich aus meinem warmen Golf in die Kälte (in Georgien ist es im Winter im Auto am wärmsten). Bis zum Hauseingang leuchtet mir der Mond den Weg. Im stockfinsteren Flur sehe ich nichts mehr. Um mich herum ist es so schwarz, als hätte ich mir ein Tuch vor die Augen gebunden. Die Taschenlampe habe ich wieder einmal in meiner Wohnung vergessen. Aber die Stufen zu meiner Wohnung in der vierten Etage kenne ich auswendig: sieben, vier, fünf, sechs und in der dritten Etage ganz rechts halten, da die Stufen auf der linken Seite zerbröselt sind. Oben öffne ich die Eisentür, die meine Vermieter während der Wirren der Gamsachurdia[1]-Zeit einbauen ließen, und zünde die beiden Kerzen an, die rechts neben dem Eingang auf der Garderobe stehen. In der Wohnung ist es frostig wie in einem Kühlhaus. Mit den beiden Kerzen, deren Wachs auf meine Jacke tropft, haste ich in das Bad und stelle sie auf das Regal unter dem Spiegel. Ich drehe den Wasserhahn auf, doch es kommt kein Wasser. Wieder einmal muss ich das Wasser aus der Badewanne, in der immer genug Vorrat ist, in das Wasserbecken schöpfen. Mit dem eiskalten Wasser benetze ich mein Gesicht und putze mir hastig die Zähne. Das Zahnfleisch schmerzt. Bibbernd gehe ich in das Schlafzimmer, wo ich mich flink entkleide. Meine Beine und Arme sind so kalt wie Eiszapfen. Über den Schlafanzug ziehe ich einen Pullover und eine Hose aus Fleecestoff. Die Ohren, die besonders viel Wärme abgeben, schütze ich durch ein grünes Stirnband mit der Aufschrift »Gudauri«.

1 Swiad Gamsachurdia (1939–1993) war ein georgischer Dissident und Politiker. Von Mai 1991 bis Januar 1992 war er der erste Präsident Georgiens. Nach einem Militärputsch kam er unter ungeklärten Umständen in Westgeorgien ums Leben.

HELGA KURZCHALIA

Lamara an Dito

Tbilissi, 11. November 1992

Der Krieg in Abchasien raubt uns, wenn er nicht endlich ein Ende nimmt, noch den letzten Verstand. So viele Tote auf beiden Seiten! Und Abchasier gibt es ohnehin nicht viele. Weder in Abchasien noch sonst wo auf der Welt.

Mit Deinem Vater ist im Augenblick gar nicht zu reden. Wie Zecken haben sich Wut und Enttäuschung an ihm festgebissen und sein Blut vergiftet. Jedes falsche Wort versetzt ihn in Rage, alle Welt bringt ihn auf. Selbst Nachbar Giorgi aus dem ersten Stock. Im Haus erzählt man sich, dass Giorgi im Schulatlas seiner Enkelin täglich die aktuelle Frontlinie in Abchasien mit dem Rotstift markiert. Wahr ist, dass man im Treppenhaus nicht mehr ungeschoren an ihm vorbeikommt, weil der selbst ernannte Generalissimus unbedingt mit jedem über die letzten Kampfhandlungen reden muss! Ich bin wie immer mit tausend praktischen Dingen beschäftigt. Euer Geld habe ich in der Bank umgetauscht. Die Preise spotten jeder Beschreibung. Kein Gedanke mehr an Nusstorte. Nicht einmal Chatschapuri. Jedes Ei kostet ein Vermögen, ganz zu schweigen vom Schafskäse, der sowieso nicht mehr zu haben ist.

Seit Monaten wird kein Gehalt mehr gezahlt, und von Vater bekomme ich laufend zu hören, dass man uns hier bald noch an den Bettelstab bringt. Ich selbst möchte gar nicht darüber nachdenken und schon gar nicht darüber schreiben. Hoffentlich haben wir die Talsohle bald hinter uns.

Diesen Sommer waren wir nicht in Chirchonissi. Reisen ist zu gefährlich. Auf den Straßen vor der Stadt fürchtet man sich vor Überfällen, und auch in der Eisenbahn muss man ständig auf der Hut vor Banditen sein. In Tbilissi fühlen wir uns etwas sicherer. Nicht nur, weil wir hier jeden Pflasterstein kennen. An unserer Kreuzung neben dem Gemüseladen sind Panzer aufgefahren und versuchen die Lage irgendwie unter Kontrolle zu halten. Auf meinem Heimweg muss ich immer durch eine Straßensperre, doch gewöhne ich mich nur schwer daran, vor der eigenen Haustür wie ein halber Gangster behandelt zu werden. Patrouillen suchen alle Autos nach Waffen ab. Eine ziemlich vergebliche Anstrengung, wo hier doch jeder Dreikäsehoch mit einer Pistole durch die Gegend stromert.

AKA MORCHILADZE
Bürgerkrieg oder so was

Alles begann Ende Februar.

In Tbilissi war Bürgerkrieg oder so was. Ich meine, als Präsident Swiad Gamsachurdia geflohen ist und danach ... Eigentlich kümmerten mich solche Geschichten bis dahin nicht, seither noch weniger. Es war Ende Februar, als Gogliko mich richtig bedrängte: »Lass uns fahren, lass uns doch fahren! Wir nehmen das Geld von Atschiko Kipiani und fahren.« Dazu hatte ich aber gar keine Lust. Vor allem im Winter, erst über die aserbaidschanische Grenze, dann wieder zurück. Und wieso sollte ich überhaupt fahren? Es gab nicht mal Benzin. Trotzdem ließ er nicht locker. Ich würde ihm Glück bringen, meinte er, »lass uns fahren, das Zeug mitbringen, und bis zum Herbst werden wir stoned sein. Gratis.«

Ich wollte nicht. Ich wollte das seit Längerem nicht mehr. Ich vermisste es vielleicht vier bis fünf Mal im Jahr. Wohin willst du mich mitschleppen? Ich bin doch kein Kind mehr. Fahr du allein und bring das Zeug mit, dann erzähl überall rum, dass du dir in Gandscha harte Drogen und Gras besorgt hast. In Gandscha besorgt. In Gandscha ... und so weiter.

Er wiederholte wie eine kaputte Schallplatte immer wieder das Gleiche: »Nimm mich mit! Nimm mich mit!« Zu alledem stolperte er beim Reden auch noch. Zum Teufel mit ihm.

Er ging und kam am Abend wieder, zusammen mit Kipiani. Groß ist der, wie ein Büffel. Den Schal trägt er doppelt übereinander um den langen Hals gewickelt. In den Händen hielt er einen Rosenkranz.

»Giuschki«, sagte er zu mir, »bitte versteh mich nicht falsch. Ich hab die Hälfte der Tataren über den Tisch gezogen, einschließlich Bullen und Dealer. Du bist ein

Freund von Gogliko und auch mein Freund. Die zwei Tage spielen doch keine Rolle. Du hast mein Ehrenwort, dass ich dir alle Ausgaben ersetze.«

Er kann jeden überreden.

»Benzin?«, sagte ich. Dass wir fuhren, hatte ich bereits beschlossen.

»Benzin gibt's drüben in Aserbaidschan bei den Tataren. Zwanzig Liter gebe ich dir direkt.« Also würde ich den Lada, den mein Vater mir geschenkt hat, über die Rote Brücke schieben müssen. Zwanzig Liter würden nämlich kaum reichen, uns aus Tbilissi rauszubringen, der Tank war nicht mal halb voll. Also fuhr ich zu meinem Vater.

Nana und Irakli waren zu Hause. Irakli schaute einen Film mit Schwarzenegger und war nicht mal zu sehen in seinem Sessel. Ich ging zu ihm und küsste ihn. Seine Augen waren weit aufgerissen, und in den Händen hielt er ein Maschinengewehr. Natürlich ein Spielzeug. Irakli ist mein fünfjähriger Halbbruder. Nana ist die Frau meines Vaters. Er heiratete sie erst, als ich erwachsen wurde. Aber ich kann mich aus meiner Kindheit sehr gut daran erinnern, wie er sie mit nach Hause brachte. Damals überließ er mir die Wohnung an der Kawsadzestraße und zog mit Nana zusammen. Mein Vater ist jetzt dreiundfünfzig, Nana achtunddreißig. Sie ist eigentlich noch ein Mädchen. Wie Duda sagt, hat sie sich die Millionen von Tengiz unter den Nagel gerissen und Gio auf dem Lada sitzenlassen. Irakli hat ihre Augen bekommen, mit weichem und leicht benebeltem Blick.

Mein Vater ist ein ewig junggebliebener Tbilisser Angeber. Einer von denen, die den Stadtnarren Geld schenken. Davon gibt es einen ganzen Haufen.

»Wir können doch nicht jedes Arschloch in dieser Stadt dulden«, ist sein Lieblingsspruch. Tagsüber kümmert er sich um seine Geschäfte oder hängt mit seinen Kumpels rum. Erst spätabends kommt er nach Hause. Auch jetzt hatte er sich rausgeschlichen. Irgendwohin.

[…]

Jana war alles für mich. Sie war etwas, worüber ich nie nachgedacht hatte, was ich nie haben wollte. Das war etwas, wofür die Menschen wahrscheinlich überhaupt leben. Ich weiß bis heute nicht, was eine Familie bedeutet und was mit den Worten »Familie als gottgewollte Institution« und derlei Quatsch gemeint ist. Auf jeden Fall war ich davor noch nie so glücklich, so ausgeglichen und voller Ruhe gewesen. Noch nie hatte ich so viel nachgedacht und geträumt wie in diesem Winter. Ich hatte kein einziges Mal den Videorekorder eingeschaltet. Den Jungs machte ich die Tür nicht auf und ging jeden Morgen Brot kaufen. Ich hätte auch gearbeitet, nach dem Studium. Ich bereitete schon meine Diplomarbeit vor, und eine elende Gestalt aus der Projektabteilung machte für mich die Zeichnungen fertig.

Jana verließ mich nur an den Wochenenden, sie wohnte gemeinsam mit einer Tante irgendwo auf der Moskauer Allee. Um den Hals trug ich ihren schlichten grünen Schal und lief so herum, ziel- und gedankenlos. Die Jungs wussten schon, dass sie bei mir wohnte, ließen sich aber nichts anmerken. Nur Gogliko grinste ab und zu, wenn er sagte: »Lasst uns abhauen, seine Frau kommt gleich.« Ich ließ ihn ohne Antwort. Nicht mal der Papst hätte das Ganze verstehen können, geschweige denn Gogliko. Lediglich Duda schien verwirrt. Es war sonnenklar, dass er die ganze Zeit über Jana und mich nachgrübelte. Ich wusste, dass sie aus seinem »Mädchenkreis« stammte … Er wusste wahrscheinlich viel mehr als ich, hundertmal mehr. Diese Klatschtante kann mich mal … Ich scherte mich keinen Deut darum. So gut ging es mir noch nie. Alles gefiel mir und freute mich. Bei jedem Wetter gingen wir spazieren, bei Kälte, Regen und Schnee. Immer zu Fuß. Auf der Gribojedow-Straße gab es einen Keller mit dem Namen »Mingrelische Küche«. Wir saßen die ganze Zeit dort. Jana lächelte, und ich freute mich, wir redeten ganz normal und menschlich miteinander. Ihre Hand lag immer in meiner Tasche, und ich drückte sie, so fest ich konnte. Ich hab mich in das gemeinsame Zuhause verliebt. Jana trug stets meine Pullover und ihren farblosen Mantel. Ich habe ihr eine Jeans gekauft, italienisch oder so. Wir lachten oft und viel.

Eines Morgens ging ich zu meinem Vater. Es war früher Morgen. Er lag im Bett, Irakli saß auf seinem Bierbauch, und sie rangen miteinander.

»Ich brauche fünftausend Rubel«, sagte ich. Er setzte Irakli ab und richtete sich auf.

»Hast du gezockt?« Er war schon kurz davor loszubrüllen.

»Ich will eine Jacke kaufen.«

»Du hast doch eine Jacke, dieses Daunending, oder wie auch immer es heißt.«

»Ich will sie trotzdem.«

»Wo fährst du hin?« Er hat einen Knall. Immer bildet er sich ein, dass ich abhauen will, nach Inguschetien oder so. Seit damals, als Mortschila und ich im ersten Studienjahr in der Nähe von Mleta verhaftet wurden, hat er Wahnvorstellungen, dass da irgendwas abgeht. Eigentlich haben sie uns auch damals grundlos eingelocht. Die Sache lag völlig anders.

»Ich fahre nirgendwohin. Ich will eine Jacke. Wo soll ich denn hinfahren?«

»Was weiß ich. Ihr Mistkerle seid doch keine Männer!« Dann stand er auf, kratzte sich am Bierbauch und brüllte: »Nana!«

Nana kam herein.

»Wo fährt er hin?«

»Wo soll er denn hinfahren? Er will einfach eine Jacke.«

»Ihr flüstert doch die ganze Zeit hinter meinem Rücken miteinander. Sobald er reinkommt, rennt er zuerst zu dir. Ihr wollt mich wohl verarschen.«

»Magst du Tee trinken, Tengiz?«

»Du gehst dann mit ihm, und ihr kauft die verdammte Jacke zusammen«, sagte er auf einmal und wandte sich zu mir: »Brauchst du sie für Gogliko?«

»Nein, nein. Wieso ist das so schwer zu verstehen? Ich will sie für mich.«

»Dann nimm den Schlüssel und fahrt mit dem Auto! Setz sie nicht irgendwo ab, und ruf mich später nicht aus einer Polizeiwache an!«

Ich hab mich sogar gefreut. Die Jacke, türkisch oder so, wollte ich für Jana. Sie hing im Vera-Viertel, im Schwarzmarktladen von Margischwili, und ich wollte sie zurücklegen lassen. Temur Pantschulidze und ein paar andere Jungs, die ich kannte, waren ebenfalls im Laden. Pantschulidze nahm die Jacke vom Bügel und wollte sie bezahlen. »Nimm, Gio, das Geld kannst du mir Ende der Woche zurückgeben.« Der Junge weiß Bescheid. Zu Atschiko Kipiani hätte er das nicht gesagt. Er weiß, wenn Tengiz Mikatadze will, kauft er nicht nur die Jacke, sondern den ganzen Laden von Margischwili, inklusive aller Schokoriegel.

Nana musterte erst die Jacke und dann mich.

»Sie wird nicht passen. Sie ist zu klein.«

Die Jacke hatte Knöpfe auf der linken Seite. Nana betrachtete mich noch einmal, legte das Geld auf die Theke und drehte sich zu mir: »Nimm sie. Ich bin in einer Minute wieder da.«

Eine halbe Stunde lang saßen Nana und ich dann im Auto vor Margischwilis Laden. Ich erzählte ihr alles. Sie fragte mich aus. Auf ihre Art, sehr sanft. Sie schien sehr besorgt zu sein.

»Tengiz wird ausflippen«, sagte sie schließlich.

Natürlich würde Tengiz ausflippen.

»Ihr könnt doch nicht für immer so weitermachen. Es wird sich ändern ...«

»Und was genau wird sich ändern?«

»Giuschki. Du bist ein sehr guter Junge, aber Tengiz wird es nicht zulassen, dass du sie heiratest.«

Nicht zulassen! Anscheinend denken sie, dass man Jana und mich zum Standesamt bringen muss, mit Rosen und Nelken in der Hand, in Begleitung von meinen zweihundert und Tengiz' fünfhundert Freunden. Das Restaurant »Iweria« wäre nur für uns reserviert, der ganze Verkehr hätte unseretwegen stillgestanden, und irgendeine Alte mit Tauben und Trinkhorn wäre in den Saal hereinspaziert.

»Ich sag ihm nichts. Genießt die Zeit, solange es geht. Wenn er dich erwischt, redest du dich selbst raus.«

Dann nahm sie ein mit Halbedelsteinen bestücktes Silberarmband aus der Handtasche, syrisch oder türkisch, und steckte es in eine der Taschen der neuen Jacke.

»Du hast keine Ahnung, was man einem Mädchen schenken soll«, sagte sie lächelnd und zwinkerte mir zu.

Ich hatte das Gefühl, dass Nana sich selbst dieses Geschenk machte.

Jana schlief noch. Ich küsste sie und zog ihr die neue Jacke an. Sie war noch im Halbschlaf. Auch das Armband zog ich aus der Tasche und legte es ihr um den Arm. Wir saßen auf dem Bett und lachten.

Seitdem grüble ich ständig nach und versuche mich zu besinnen, ob es diese Tage wirklich gegeben hat. Ob Jana sich wirklich freute und ob wir an den regnerischen Tagen tatsächlich am Fenster saßen und uns an unsere Kindheit erinnerten. Heute erscheint das Ganze in so weiter Ferne, dass ich mich jedes Mal an etwas klammere, wenn ich über diese Zeit nachdenke. Jana, Jana, Jana – ich hatte nichts anderes im Kopf, und ich dachte über sonst nichts nach. Ich machte keinen Rückzug. Etwas Besseres als das kannte ich nicht, und basta! Ich wusste nicht, wie wir leben sollten, was passieren würde oder wie. Jana schien wie eine Feder zu sein, warm, leicht. Beim Einschlafen legte sie ihren Kopf immer auf meine Schulter und murmelte ununterbrochen verschiedenes Zeug. Ich lag mit geschlossenen Augen da und wartete darauf, dass sie mir den nächsten liebevollen Unsinn in der Stille der Nacht zuflüsterte ...

An jenem Morgen hat es geschneit. In Tbilissi gibt es ja nur zweitägigen Schnee, der sehr kurze Zeit angenehm ist und sich danach in einen allesverschlingenden Schlamm verwandelt. Es war genau diese Zeit. Als ich aufwachte, stand Jana am Fenster.

Sie ließ mich nicht mal zu sich kommen und sagte mit tiefer Stimme in ihrer typischen, direkten Art:

»Ich glaube, ich bin schwanger.«

Ich wusste, dass es eine sehr gute Neuigkeit war, aber ich wusste nicht, was tun. Ich dachte, in diesem Zustand bekommt man das Bedürfnis nach allen möglichen Dingen, und auch wenn sie mitten im Winter Erdbeeren essen will, musst du sie besorgen. Es war etwas Ungewöhnliches, wie das Warten, neue Gefühle, etwas, was man davor nicht kannte, die gigantischen, fragilen Gedanken. Wir spazierten den ganzen Tag durch den Schnee. Um uns liefen Kinder herum, Frauchen führten ihre Hunde spazieren, die Alten watschelten im Schneckentempo um den gefrorenen Brunnen. Der Himmel über uns war schneeweiß und ruhig. In den verschneiten Alleen des Parks fühlte ich mich so leicht, dass ich befürchtete, Jana könnte mir aus der Hand gleiten, schmelzen und sich mit der kalten, ungewöhnlich würzigen Luft vermischen. Ja, solche Gedanken kamen mir in den Sinn. Ich stopfte sie immer wieder mit Schokolade und solchem Zeug voll. Auch das hatte ich irgendwo gehört.

Wie gesagt, ich dachte über nichts nach, weder über Tengiz noch darüber, was in der Regel darauf folgt und was, wie ich feststellen musste, in dieser wunderschönen Stadt mehr geschätzt wird als ein Kindesleben und Menschenglück. Es hat mehr Wert als die Liebe zwischen einem Mädchen und einem Jungen. Die Regeln haben anscheinend Priorität. Das heißt, wenn Gogliko mein Freund ist, ist es normal und so. Aber wenn Jana mit mir zusammen sein will, ist es abnormal. Anscheinend müsste mein Vater mich umbringen, weil ich mit dem Mädchen Mitleid gehabt habe, weil ich mich in sie verliebt habe, weil ich sie mit nach Hause gebracht habe. Das arme Mädchen, das in einer verqualmten Bude liegende elende, zitternde, weiche und zarte Mädchen. Ich hätte anscheinend das alles wissen sollen, weil Tengiz Mikatadze nicht irgendein Taxifahrer ist.

Ich wusste es aber nicht.

Anscheinend sind die bösartigen Freundinnen von Jana nur deshalb auf die Welt gekommen, um Duda unter ihm liegend von Jana und mir zu erzählen. Duda war ja einfach verpflichtet, durchzudrehen, eine Potenzschwäche zu kriegen und was weiß ich noch.

Am Samstagabend rief mich Gogliko an.

»Bist du allein?«

»Ja.«

»Wir kommen gleich vorbei«, sagte er und legte auf. Bereits nach zwanzig Minuten standen sie vor der Tür, sie waren anscheinend irgendwo in der Nähe gewesen. Gogliko, Duda,

Tato, Wika und Japara. Am Anfang raffte ich nicht mal, was sie wollten. Nur Gogliko hatte so ein zufriedenes, gesättigtes Gesicht. Duda wirkte verdüstert und schaute nur auf den Fußboden. Die anderen betrachteten mit starren Mienen die Wände.

»Was hast du vor, Gio?«, fragte mich Duda.

»Was meinst du?«

»Ich meine diese Frau, Bruder«, ergänzte er leise. Tato schaute mich an.

»Keine Ahnung …«, stammelte ich sinnlos.

»Verdammte Scheiße, Gio, das kannst du nicht machen.«

»Was willst du?«

»Du bist doch total übergeschnappt, Gio! So geht das nicht, so benimmt man sich nicht als Mann. Das kannst du deiner Familie und deinen Freunden nicht antun!«

Jeder hat was zu mir gesagt. Ich antwortete nicht mal richtig. Dudas Hände begannen zu zittern. »Was sagst du Tengiz?« fragte er.

»Nichts«, antwortete ich.

»Je früher er Bescheid weiß, desto besser«, so er.

»Weiß nicht«, erwiderte ich.

Sie saßen mit deprimierten Gesichtern da und belaberten mich. Aus ihrer Perspektive betrachtet, hatten sie sogar recht, für sie war Jana bloß eine Nutte. Allein Gogliko saß still, wie immer mit einem zufriedenen Gesichtsausdruck. Er hatte ja von Anfang an alles gerafft. Trotz seiner Dämlichkeit hatte er die absolut verblüffende Gabe, Dinge zu verstehen und richtig einzuordnen. Ich spürte, dass es ihm am Arsch vorbeiging, wie das alles enden würde, weil er wusste, wir bleiben trotzdem für immer zusammen. Wir alle. Bis zum Ende.

Sie gingen fort.

Beim Rausgehen blieb Duda in der Tür stehen, dann umarmte er mich.

»Giuschki, du bist wie ein verdammter Bruder für mich. Das bleibt auch so.«

Ich lachte, er hatte die Augen eines Irren. Wahrscheinlich machte er sich große Sorgen.

»Giuschki, ich habe meine Pflichten. Wenn ich das Ganze nicht in die Wege geleitet hätte ...«

»Wenn du es nicht in die Wege geleitet hättest, wäre ich jetzt nicht so glücklich.«

»Versteh mich bitte nicht falsch, aber ich muss mit Tengiz reden ... Und kann sein, dass ich mich danach umbringe ...« Wir sind aus Tbilissi. Wir wissen Bescheid, was schlecht und was gut ist. Gut ist alles, was bei uns ist, schlecht: fern von uns. Wer schlecht ist, kann für sich leben, aber er soll uns in Ruhe lassen, sich nicht einmischen. Jeder Schritt von Tengiz Mikatadze ist von diesen Prinzipien geleitet. Ich verstehe weder diese ganze Philosophie von Tbilissi noch unser »Gutes« und »Schlechtes«. Etwas Schlechtes kann dich nicht glücklich machen, nicht beruhigen, es kann nicht schön sein.

Ich hatte keine Ahnung, was ich machen sollte, ich versuchte lediglich mein Glück zu verlängern. Nichts weiter.

Jana, Jana, Jana ...

Wenn ich was geahnt hätte, wenn ich Bescheid gewusst hätte. Oder wenn ich dich, so klein, farb- und hilflos, nicht gefunden hätte! Gott sei Dank, dass wir zusammen waren. Gott sei Dank, dass du an Weihnachten auf der Treppe auf mich gewartet hast.

Jana, mein Mädchen. Ich erwartete etwas, aber nicht das.

Am Montag kam ich gegen Nachmittag nach Hause. Ich öffnete die Tür, und gleich überkam mich ein ungutes Gefühl. Im Wohnzimmer war das Licht an. Jana ließ es immer aus. Ich ging rein. Im Sessel saß Nana, ihr Pelzmantel lag auf dem Sofa. Sie saß dort und rauchte. Alles war verqualmt. Auch ich setzte mich hin. Nana machte die Zigarette aus und schaute mich an.

»Wie geht's euch?«, fragte ich hilflos.

Nana legte ihre Hände ineinander.

»Duda war gestern bei uns«, sagte sie leise.

»Und?«

»Tengiz hat getobt! Er wollte sofort zu dir. Er hat mit der Pistole rumgefuchtelt ... Ich hab ihn beim Leben Iraklis beschworen ... Er hat alles kurz und klein geschlagen.«

Was hätte ich denn sagen sollen? So musste es nach allen Regeln und Gesetzen passieren. Er musste einfach alles verwüsten. Ich verstand und fragte nichts mehr. Man hatte Tengiz festgebunden, und Nana kam zu mir. Nana kann reden, Tengiz nur fluchen. Deshalb kam Nana zu mir. Um das Ganze ohne Blutvergießen zu beenden. Es gibt solche Frauen, die sanft und infiltrierend reden. Außerdem wusste Nana, wie Jana war. Sie widersprach nie jemandem. Ich konnte mir ganz genau ausmalen, wie das abgelaufen war. Wie Nana ihr alles schildern würde, dass Tengiz so und so ist, dass Gio ein sehr gütiges Herz hat und alle ihn liebhaben, aber er ist durcheinander, zu nichts imstande, weder zu handeln noch zu denken oder etwas zu bestimmen. Dass mein Vater mich eher umbringt, als dieser Hochzeit zuzustimmen. Jana würde wortlos aufstehen und ihre Baskenmütze in die Tasche stopfen. In diesem Augenblick würde Nana sie streicheln und sagen, dass das eigentliche Problem das Baby sei, ansonsten könnten wir noch zusammenbleiben. Weil wahrscheinlich Tengiz denkt, dass es vorbeigeht und ich sie verlasse. Jana würde die Tasche nehmen und ...

»Hast du ihr Geld gegeben?«, fragte ich sie plötzlich.

Ich weiß nicht mehr, wie ich angefangen habe zu brüllen.

»Hast du ihr Geld gegeben? Hast du ihr Geld gegeben? Hast du ihr Geld gegeben?«, schrie ich sie besinnungslos an.

»Hast du ihr das Geld für die Abtreibung meines Kindes gegeben? Hast du ihr dafür Geld gegeben?«

Danach kann ich mich an nichts erinnern. Ich lag auf dem Rücken auf dem Sofa. Nana ging nicht fort. Sie saß da und weinte. Nur mit Mühe konnte ich sie wegschicken.

Was für einen Sinn hatte es, Jana zu suchen? Ich könnte sie zwar leicht finden, aber es hatte trotzdem keinen Sinn. Uns ging es so gut, weil sich niemand in unsere Angelegenheiten, in unser Leben einmischte. Das Kind! Ich wusste nicht mal, was ich denken sollte. Das Einzige, was ich wusste, war, dass Jana und ich nie mehr zusammen sein würden. Nie mehr so wie früher. Wir waren schlicht und einfach die Einzelgänger, auf die Welt gekommen, um in der Stille zu verweilen. Jana hätte Nanas Geld nicht angenommen, auch das Kind hätte sie nicht abgetrieben, und nach alledem würde sie nicht mehr bei mir bleiben. Sie würde mich einfach nicht belügen. Basta. Ihre tückischen Freundinnen würden sie löchern. Sie würden sie wieder überallhin mitschleppen, zu den Engelmachern ...

Jana, Jana, Jana ...

So endete das anscheinend. Aber für mich ist längst nichts zu Ende. Nichts erfreut mich außer den Gedanken an diese zwei Monate. Was für ein zauberhafter Winter es war! Fast ein Jahr ist seit dieser Zeit vergangen.

Gogliko geht immer noch mit einer zufriedenen Fratze durchs Leben. Japara ist Vater von einem Jungen geworden. Und ich besitze immer noch nichts. Ich bin allein und werde es wahrscheinlich auch bleiben, mit einer runtergebrannten Zigarette in der Hand neben dieser idiotischen japanischen Kerze sitzend.

Jana, Jana ...

Was ist von uns geblieben? Wahrscheinlich nichts.

ZURAB RTWELIASCHWILI

Die Liebespolizei

An die Tiflis GmbH

Was geschieht in dieser Stadt?
 Niemand weiß es,
die Liebespolizei rast auf den Straßen,
 als wäre sie im Himmel.

Was dann auf dieser Straße passiert,
 zeigt sich an ihrem Anfang,
die Liebespolizei
 hastet über die Wege! Sie fliegt durch den Himmel!

Noch nie war es in dieser Stadt so,
 dass alle einander geliebt hätten,
glaubt mir, das wird auch nie passieren –
 nur wenn niemand mehr Scheiße baut.

Am Himmel ist der Vollmond sichtbar –
 Der Weg hat die Böschungen verloren,
in der Nähe der Blutbank sammeln sich
 Vampire mit dicken Bierbäuchen!

Was geschieht in dieser Stadt? ...
 Niemand weiß es –
bis die Liebespolizei
 nicht mehr länger vorübergeht ...

IWA PESUASCHWILI

Za

1

Ich wollte gerade das Haus verlassen, da riss mir meine Unterhose am Arsch ein. Es war ein sonderbarer und grauenvoller Moment, als ich mich in den Sessel setzte und ich das Geräusch des reißenden Stoffes hörte. Es überkam mich eine Art irrationaler Angst, mein Herz fing an zu rasen, und ich verfiel in Panik. Ich brauchte zwei, drei Sekunden, um zu kapieren, dass mir keine Gefahr drohte und dass nur meine Gewichtszunahme an allem schuld war ... Ich habe stark zugenommen, keine Ahnung wie. Fast ein Jahr arbeite ich nun nicht mehr und streife ohne Geld herum, ich liege meiner Tante auf der Tasche und mag mittlerweile sogar so schlechtes Essen wie Borschtsch mit Fleisch oder grüne Bohnen. Es ist unerträglich. Kurzum, ich habe zugenommen, und meine Unterhose ist am Arsch gerissen. Das Schlimmste aber war, dass ich eigentlich schnell zu einem Vorstellungsgespräch in einen großen Fernsehsender musste und mich nun verspäten würde. Ich schrie meiner Tante zu, mir eine Unterhose zu bringen. Aber sie hatte keine Zeit, denn sie machte Abendessen, ich glaube Auberginen oder Blumenkohl oder irgendwas anderes Geschmackloses, was nur ein Mann, der auf Kosten seiner Tante lebt, essen würde ...

Ich musste also barfuß tapsend meine Unterhose selber holen. Ich wohne in einem »Italienischen Hof«, an den Fenstern entlangzugehen ist eine unangenehme Angelegenheit. Das Ausspionieren der Fenster ist schließlich eine der Lieblingsbeschäftigungen der älteren Nachbarn, sie beobachten die Hoffenster so aufmerksam und hartnäckig, dass selbst Hitchcocks Charaktere sie beneidet hätten. An ihnen kannst du nichts vorbeischmuggeln.

Wenn du etwas Unangemessenes vorhast, hältst du dich besser vom Fenster fern, sonst wird am nächsten Tag wahrscheinlich jeder über deine »Männlichkeit« Bescheid wissen. In einem »Italienischen Hof« sind die Fenster der zweite Feind des bis auf den Arsch nackten Mannes – der erste ist seine Fettleibigkeit.

Ich hatte vor, heimlich am Fenster vorbeizugehen, als ich im Hof etwas sehr Merkwürdiges bemerkte, so merkwürdig, dass den Nachbarn sogar meine Nacktheit entging. Drei asiatisch aussehende Frauen gingen auf die mittig im Hof platzierte gewundene Treppe zu, die zu dem Balkon in meinem Stockwerk hinaufführte. Sie drängten sich aneinander und waren für die Jahreszeit unpassend gekleidet. Ihnen folgten ein paar Arbeitertypen, die sehr große und klobige weiße Möbel schleppten.

Eine der Asiatinnen war wunderschön, sie war sehr dünn, mit langen schwarzen Haaren. Ich betrachtete ihr Gesicht, eine so schöne Frau hatte ich wirklich in meinem ganzen Leben noch nie gesehen. Und dann noch als Nachbarin, und eine Asiatin! Auch meine Nachbarn bestaunten die Frauen. Ihr Leben war also doch nicht so sinnlos?! In den nächsten Tagen würde es sehr viel Getratsche geben. Das ganze Viertel würde mit diesen Neuigkeiten geflutet werden. Auch ich vergaß augenblicklich meine Nacktheit, die langhaarige Frau hatte mich, poetisch gesprochen, verzaubert ... Das machte mich irgendwie glücklich, und ich nahm die Suche nach der Unterhose nunmehr freudig auf.

Ich fand sie, zog sie schnell an und lief aus dem Haus. Auf dem Balkon begegnete ich den Arbeitern, ich fragte sie nach den Frauen aus und erfuhr, dass sie Chinesinnen waren.

– Das werden zweifellos Masseusen sein, zwinkerte mir einer der Arbeiter zu.

– Du wirst gute, schnittige Nachbarmasseusen haben, schloss sich der andere an.

– Eh, chinesische »Masseusen« kenn ich nicht, aber früher, da gab es diese vietnamesischen Balsame, und das hättest du sehen müssen, die kurierten alles – wirklich alles, von Muskelverspannung bis zu Durchfall.

– In unserem Metier kommt beides sehr häufig vor, sag ich dir, entweder sind die Muskeln steif, oder alles entgleitet dir ..., he, he, he – so lachte er.

Seltsame Typen. Ich lächelte sie an, ging und musste doch weiter an die Chinesinnen denken: Was zur Hölle wollten sie in dieser Stadt? Ich hielt ein Taxi an.

– Der letzte Präsident, dieser verfickte, hat die hierhergebracht! Wir ... Die, diese Inder, die Land in Kachetien kaufen, fickt doch deren Mutter ..., legte der Taxifahrer los.

– Das hier sind aber Chinesinnen, sagte ich zu ihm.

– Wer, die? Und wir? Die werden uns verschlingen! Die da ficken in den chinesischen Massagesalons, diese chinesischen Huren da, was soll das? Echt, das musst du sehen, die indischen und irakischen Nachtclubs, die breiten sich überall in meiner Stadt aus, die nehmen uns unser Georgischsein weg und lassen uns Georgier nicht einmal rein, und georgische Frauen werden da von Ausländern gefickt, verstehst du ...? Danach sprach er über seinen Glauben, um dann zu wiederholen, dass auch er selber zu den Chinesinnen ging ... Die sind so eng, das ist so geil, da sind georgische Fotzen nichts dagegen ...

Er war ein widerlicher Taxifahrer, ich bin auch kein Engel, aber ich mag diese ekligen Typen nicht, und natürlich hatte er kein Wechselgeld auf meinen Fünf-Lari-Schein, und so steckte er sich auch noch diesen einen Lari ein ...

Verdammt ... Ich hatte heute eine Unterhose und einen Lari verloren ...

Ich stieg aus dem Taxi, und meine Tante rief mich an, weil sie Basilikum brauchte ... Was für ein schreckliches Zeug gibt mir diese Frau zu essen? Und warum habe ich davon zugenommen? Danach rief auch noch die Bank an, wegen der Schulden werden sie mir ein zusätzliches Prozent aufhalsen. Nachdem ich meinen Job verloren hatte, konnte ich meine Schulden nicht mehr zahlen, und so erhöhen sie mir nach jeder Zahlungsverspätung, nach jedem Tag, an dem ich eine Frist überschreite, meine Schulden. Ich glaube, ich zahle jetzt schon zehnmal so viel wie die ursprüngliche Summe. Auch wenn der Job in diesem minderwertigen Fernsehsender ganz schön schrecklich sein könnte, würde ich ihn sicherlich kaum ablehnen. Aber es ist meine Schuld, dass ich diesen Job verloren habe, ich hatte auf meinen Prinzipien bestanden, und nur deshalb sitze ich nun auf so vielen Schulden. [...]

2

[...]

Ich ging die Straße entlang. Es war ein kaffeebrauner Tag, und ich hatte eine schreckliche Laune, bei der dir nichts Freude macht und du zu viele Gedanken mit dir rumschleppst. In dieser Stadt ist alles irgendwie schwierig, wie eine große, seelenlose Masse. Gelegentlich macht der Regen sie attraktiver, aber in diesem Augenblick mochte ich diese Stadt nicht, überhaupt nicht. Dann tauchte ein Bekannter auf, der so deprimiert aus dem Bus ausstieg, dass mir klar war, der Abend würde nicht ohne Alkohol vergehen.

Wenn zwei Männer in einer Kneipe still vor sich hin Kognak trinken und sich alles von selbst versteht, kann das eine schwierige Situation sein. Mein Freund hatte zwei Neuigkeiten für mich. Die erste: meine Wirbelsäule macht Probleme, auf Grund von Müdigkeit und Stress ist der ganze Rücken stark strapaziert, der Arzt hat mir Massage verordnet, aber diese halbstarken Typen haben mich regelrecht zerquetscht. Weil es nicht geholfen hat, hab ich herumgefragt, und man hat mir Yoga und asiatische Massage empfohlen. Wir tranken ein wenig und gingen dann kurz hinaus. Es folgte eine Pause. Und die zweite Neuigkeit? Die zweite, er wurde nachdenklich, sie haben mich gefeuert ... Irgendjemand hatte seinem Vorgesetzten zu Ohren gebracht, dass mein Freund angeblich die Orthodoxie schmähte, dabei kenne ich niemanden, der so gläubig ist wie er. Nach einem Vorfall mit jüdischen Touristen, bei dem sie aus dem Gotteshaus vertrieben und Steine nach ihnen geworfen worden waren, begann er sich selbst Vorwürfe zu machen. Es kann sein, dass ich diese Leute verärgert habe. Kurzum, diese Scheinheiligen beschuldigten meinen gläubigen Freund der Ungläubigkeit. Sein Vorgesetzter sagte zu ihm, du hast deinen Touristen erzählt, dass wir Christus gleichen sollen, wie kannst du es wagen? Wer denkst du, dass du bist! Mein Freund war sehr verwundert. Wenn Christen Christus nicht gleichen sollen, wem denn dann? Ich erwiderte, du kannst mit solchen Leuten nicht diskutieren, lass gut sein ... Er stöhnte, und danach saßen wir stumm da und tranken weiter, und ich schaute manchmal zum Fenster hinaus und dachte, draußen liegt eine Stadt, sie schäumt über vor Talenten, und ich suche nun für eine schlechte Fernsehsendung nach untalentierten Leuten, mein Freund hat seinen Job verloren, ich muss meine Schulden abbezahlen, und meine Tante droht, zum Abendessen Pchali[1] auf den Tisch zu bringen.

Pchali!

Mein Freund und ich tranken uns einen kleinen Schwips an. Dann gingen wir wieder hinaus, in die Stadt, denn meinem Freund tat der untere Rücken sehr weh. Jemand hatte ihm eine gute Adresse für Massage gegeben. Wir nahmen den Bus. Diese Busse sind eines der Hauptprobleme der Stadt. Zum einen sind sie absolut widerlich, zum anderen fallen sie auf wundersame Weise an allen Ecken und Enden auseinander, die Fenster sind mit Werbungen so beklebt, dass man von dem, was draußen passiert, nichts mitbekommt. Die Farben tanzen dir vor den Augen, bis dir der Kopf wehtut. In der Hälfte der Busse funktioniert der Fahrkartenautomat nicht, obwohl sie erst vor fünf, sechs Jahren angeschafft wurden. Der Bürgermeister der Stadt ist ein Idiot. Wer vor der Busfahrt keine Massage benötigt, braucht sie bestimmt danach.

Der vielgepriesene Massagesalon befand sich in der Nähe meiner Wohnung. Es dämmerte schon, und der Salon war in allen Farben erleuchtet, was das Herz höherschlagen ließ. An der Rezeption wurden wir von einer Asiatin begrüßt, sie freute sich sehr, uns zu sehen, und sagte in einem Georgisch-Englisch-Mischmasch: »Massage? Massage – vielzig Lari, vielzig Lari.« Wir bezahlten, und sie führte uns in den unteren Stock, in separate Zimmer. Das Zimmer war warm und schwach beleuchtet, und eine Massageliege stand mitten im Raum. Ich zog mich aus, schlug mir ein Handtuch um die Hüften und legte mich auf die Liege. Nach einigen Sekunden kam eine wunderschöne, dünne Asiatin mit langem schwarzen Haar ins Zimmer. Ich starrte sie an, es war meine Nachbarin. Sie betrachtete mich lange, bis auch sie mich schließlich erkannte und lächelte. Ich habe noch nie ein so schönes Lächeln gesehen.

3

Es war Samstag, Ruhetag. […] Ich saß auf dem Balkon und suchte im Internet nach Talenten, natürlich erfolglos. Dann stand ich auf und schlürfte Kaffee, sah in den Hof, doch auch im Hof passierte nichts. Die Nachbarn hatten sich aus irgendeinem Grund zu Hause versteckt. Es war Samstag, sie erholten sich wohl. Voneinander. Nur die Aserbaidschanerin hängte Wäsche auf. Ich mag diese Frau. Wenn sie süßen Pilaw kocht, bringt sie mir auch immer welchen, und ich hatte bei ihr zum ersten Mal in meinem Leben echten schwarzen Tee getrunken. An ihrer Küchenwand hängt ein wunderschöner bunter Teppich. In meiner Kindheit schenkte sie mir häufig Süßigkeiten, und ich liebte es, mich dann in den Teppich hineinzuversenken. Wenn du ihn genau betrachtest, kannst du in den abstrakten Figuren tausend verschiedene Bilder sehen. Ich konnte ihn stundenlang anschauen. Die Nachbarn sagten, diese Frau sei eine Hexe. Ich entgegnete ihnen, eine Hexe sei sie nicht, vielmehr die beste Frau der Welt. Meine Tante hatte keine Angst vor dieser Frau, im Gegenteil, sie freundete sich mit ihr an. Meine Tante erzählte mir, wie diese Frau ihr in ihrer Jugend immer aus den Wolken wahrsagte. Aus den Wolken, fragte ich?! Ja, in den Wolken kann sie die Zukunft sehen. Du wählst eine Wolke, vergleichst sie mit etwas anderem, und daraus deutet sie die Zukunft. Damals glaubte ich wirklich daran. Heute glaube ich eher an Hypotheken und untalentierte Typen als an Wolken.

Meine Nachbarin, die beste Frau der Welt, hängte also die Wäsche auf. Es hat einen gewissen Zauber, wenn sich die auf der Leine aufgehängte Wäsche in der Brise bewegt und leise raschelt. Ich weiß gar nicht genau, was daran so magisch ist, möglicherweise das Geräusch an sich. Wenn die gestärkte Wäsche knistert, klingt es, als würde ein Traum auf dem weißen Leinen zerbrechen. Die Wäscheleinen verbinden das eine Ende des Hofes mit dem anderen, jede Schnur konnte die Geschichte einer Familie erzählen. Du kannst anhand der auf der Wäscheleine aufgehängten Kleidung wesentlich mehr über die Leute erfahren als anhand ihrer standardisierten Lebensläufe.

Das Wohnen in einem »Italienischen Hof« hat mich davon überzeugt, dass das Aufhängen von Wäsche seinen eigenen Regeln folgt. Die Reihenfolge der Wäsche wird dem Alter entsprechend genau eingehalten. Zuerst die Kinder und dann die Alten. Auf der Leine wird man niemals Frauenunterwäsche hängen sehen. In unserem Hof ist das nur einmal passiert, als im zweiten Stock mir gegenüber eine Familie zur Miete wohnte, deren Hausherrin regelmäßig ihre Unterwäsche aufhängte. Dies rief den Zorn meiner Tante hervor, denn die Tante meiner Tante hatte ihr erzählt, dass früher im Dorf, zur Zeit der Abragen[2], nur »diese Art« von Frauen ihre roten weiten, knielangen Unterhosen auf die Leine hängten. Den Abragen war dadurch klar, dass sie sich an einem Ort der nächtlichen Entspannung befanden. Meine Tante ist ein wandelndes Folklore-Lexikon.

Ich stehe auf dem Balkon und rauche. Da kommen die Chinesinnen aus der Wohnung mir gegenüber, um genau zu sein, meine schöne Chinesin. Wir sehen einander an und lächeln. Seit jenem Tag sind wir einander oft begegnet. Sie heißt Za. Ich habe ihr gesagt, dass sie einen schönen Namen hat, weil Za im Georgischen Himmel bedeutet. Ich habe ihr Tbilissi gezeigt und Löcher in den Bauch gefragt. Unsere Gespräche sind sehr schwierig, da Za weder richtig Englisch noch Georgisch spricht. Sie ist zusammen mit ihrer Schwester und ihrer Mutter nach Tbilissi gezogen. Was sie in China gemacht hat, weiß ich nicht. Ihr Onkel hatte ihnen geraten, hierher zu kommen. Da wir Frauen sind, haben wir einen Massagesalon eröffnet, meine Großmutter hat uns beigebracht zu massieren, sie kann mit den Händen heilen und kennt noch Tausende andere Heilmethoden. Der Massagesalon von Za und ihrer Familie hat einen guten Ruf. Die Mehrheit der Massagesalons in dieser Stadt sind Bordelle, erklärte ich ihr. Sie war überrascht und gekränkt. Außer uns kenne ich nicht viele andere Chinesen, die hierhergezogen sind.

Za hat einen Schönheitsfleck auf ihrer Wange, und sie lächelt immer. Jetzt lächelt sie mich auch wieder an und geht nach draußen, um die Wäsche aufzuhängen. Za hat anstelle einer Wäscheleine ein dünnes Seil aufgezogen. Ich schaue ihr zu, denn es interessiert mich, ob sie ihre Unterwäsche aufhängt oder nicht. Auch meine Tante kommt auf den Balkon heraus. Komm rein, lass uns Fisch essen. Ich kann Fisch nicht ausstehen ... […]

Nach dem Abendessen rief ich meinen Freund an. Ich hab grad etwas Geld übrig. Lass uns ein paar Bier trinken gehen, sagte ich. Er kam heraus. Wir gingen in ein mittelmäßiges »todschickes« Lokal, doch ich hatte vergessen, dass es Samstag war und die ganze Stadt draußen unterwegs sein würde. Dass es keinen Ort zum Sitzen gab, ok, aber es gab noch nicht mal Raum zum Stehen. Mein Freund und ich waren aus irgendeinem Grund trotzdem guter Laune. Wir trafen auf unzählige Bekannte, rissen Millionen Themen an und fertigten sie direkt wieder ab. Das Thema, welches am häufigsten aufkam, war Arbeitslosigkeit. Ich mach mir keine Sorgen mehr, jeder ist arbeitslos, aber wo zum Teufel soll ich einen Job herkriegen? Ich schlug Taxifahren vor. Ich hab darüber nachgedacht, aber ich kenn die Straßen nicht so gut. Dann lern sie, nach und nach, sagte ich. Weißt du, was mich interessiert? Was denn? Na, wenn die Leute keine Arbeit haben, wo nehmen sie das Geld fürs Bier her? Ich platzte vor Lachen. Sie hamstern es sich zusammen. Lach nur. Aber es ist nicht ausgeschlossen, dass viele junge Hechte Geld von ihren Familien bekommen, es die ganze Woche lang ansparen und dann Freitag und Samstag in Bier und Wodka anlegen. Ich erzählte ihm von meinem Nachbarn, ich denke, er ist so um die dreißig und hält sich mit Online-Poker über Wasser. Er spielt Montag bis Freitag, und was er verdient, gibt er in zwei Tagen aus. An der Bar wurden Plätze frei, wir setzten uns hin. Sollen wir Wodka trinken?, fragte ich. Wir tranken einen, dann noch einen. Dann den dritten, dann wieder Bier, dann bestellten wir den vierten und den fünften, zusammen bestellten wir den sechsten und siebenten, dann war das Lokal voller betrunkener und lauter Menschen, und wir gingen woanders hin. Wir waren in Gesprächslaune, und dort, in dem anderen Lokal, sollte es angeblich ruhiger sein. Meine Fresse!

Stattdessen gerieten wir in einen alternativen oder, um genauer zu sein, einen pseudo-alternativen Musikabend. Was ist nur los mit diesen Sängern? Sie könnten über so viele Themen Lieder schreiben, über soziale Fragen zum Beispiel, sie könnten sich mit anderen zusammentun und aus vollem Herzen singen, meinetwegen auch nur zu zwei Akkorden, aber über Wesentliches und Richtiges. Was zur Hölle ist mit denen los, dass sie nur über ihre weltfremde Trunkenheit singen! Hätten wir Rapper werden sollen, um soziale Themen voranzubringen? Er lachte. Wir hatten zwei Bier geholt und uns in die Ecke gestellt, und obwohl die Sänger Typen unserer Generation waren, sahen wir hier nicht viele Bekannte. Das Publikum bestand aus Studenten. Die meisten in unserem Alter sind der Musik entwachsen, die Stimmung hat sich geändert. Die ehemaligen Punkrocker in meinem Alter arbeiten heute in einer Bank oder in einer noch viel dreckigeren kapitalistischen Einrichtung. Ich kenne viele solcher Typen, welche auf diese Bands heute nicht mal mehr spucken würden, vor fünf, sechs Jahren aber noch ganz verrückt nach ihnen waren. Ich teilte meine Gedanken mit meinem Freund. Er war leicht betrunken. Ich muss pissen, sagte er. Ich musste auch pissen, und so gingen wir Richtung Toilette.

In der Kloschlange standen wir zusammen mit einer Frau, einem Mann, einem Kind und einer älteren Person. Auf einmal reichte jemand einen Joint herum, ich freute mich, zog daran und gab ihn meinem Freund, dieser rauchte ebenfalls und gab ihn weiter. Nach genau 12 Sekunden schlug das Zeug dermaßen stark ein, dass ich Mühe hatte, mich aufrecht zu halten. Als der erste Schock vorbei war, füllte sich mein Hirn mit Zärtlichkeit. Ich schaute meinen Freund an, er lächelte warmherzig. Dann fragte ich die Person, die vor mir stand, was wir eigentlich geraucht hatten, sie wiederum fragte die Person, die vor ihr stand, und so gelangten wir zur ursprünglichen Quelle: ein normaler Junkie-Typ, klein, dürr, mit eingesunkenen Augen und fettigem, ungewaschenem Haar. Was hast du uns da gegeben?, fragte ich. Bio-Gras, und ich habe noch meine eigenen Zutaten hinzugefügt. Welche Zutaten?, fragte ich. Für den Geschmack habe ich Arzneitee und Hustensirup reingeworfen. Der Scheißkerl hatte uns mit Diphenhydramin versetztes Aerosol gegeben. Ich schaute meinen Freund an, verstehst du? Er verstand nichts. Er war sehr weit weg, und es ging ihm gut, er bändelte gerade mit einer Hipstertussi an. Ich schaute ihn an, lachte und sank zum zweiten Mal zusammen. Und brach tief ein.

Später fanden wir uns zusammen mit der Hipsterbraut aus der Kloschlange und ihrer Hipsterfreundin in einem anderen Klub wieder, diesmal mit elektronischer Musik. Ich tanzte, um genauer zu sein, schüttelte ich meinen Körper. Normalerweise tanze ich nicht gerne, aber die Trunkenheit löste mich. Das Hipstermädchen zog eine Pille aus ihrer Tasche, grinste mich an und legte mir (inspiriert von amerikanischen Filmen) die Pille auf meine Zungenspitze. Später, erinnere ich mich, dass ich noch mal tanzte, dann weiß ich nicht, ob ich tanzte (oder nicht), dann erinnere ich mich an das Klo und wie sich irgendein Typ die Seele aus dem Leib kotzte. Ich erinnere mich außerdem, dass ich am Mtkwari-Ufer mit einem »Tripper« ungeschützten Sex hatte, kurze Zeit später etwas ausnüchterte und sich der Tripper als dieses Hipstermädchen herausstellte, dann benahm ich mich wie ein Gentleman und hatte die Geistesklarheit, das Mädchen mit einem Taxi nach Hause zu schicken. Alisa heiße ich, Alisa Altruist, add mich auf Facebook.

Ich machte mich auf nach Hause. Die Straße war so leer, und es war fast Morgen, es musste unbedingt noch ein Wunder geschehen. Ich schaute zum Himmel hinauf, von Wolken keine Spur. Ich betrat den Hof und ging mechanisch Richtung Treppe. In Erwartung eines Wunders suchte ich weiter den Himmel nach Wolken ab, aber stattdessen erschien Za vor diesem Hintergrund. In den Händen hielt sie eine Balancierstange und lief auf einem gespannten Seil vom einen Ende des Hofes zum anderen, hin und zurück. Dann warf sie die Stange ihrer untenstehenden Mutter zu und begann Salti zu schlagen. Mir fiel die Kinnlade hinunter, ich war sehr betrunken und sehr glücklich. Ohne ein Wort zu sagen, sah ich diesem Schauspiel zu, weder Zas Mutter noch ihre Schwester hatten mich entdeckt. Za beendete ihre Salti, und unwillkürlich applaudierte ich. Der Applaus hallte in der Stille so laut, dass Za fast vom Seil fiel.

4

Zas Großmutter hatte ihr beigebracht, auf einem Hochseil zu laufen, ihre Großmutter hatte es von ihrer Großmutter gelernt, sie wiederum von ihrer Großmutter und so weiter ... Drahtseilakte und die Kunst des Spiels mit dem Feuer waren in Zas Familie also von Generation zu Generation weitergegeben worden.

Wir sind in einem kleinen, nicht sehr populären Zirkus am Stadtrand von Peking aufgetreten, erzählte mir Za ... Ich erinnere mich, der Zuschauerraum war in meiner Kindheit vollgepackt mit Leuten, nach und nach blieb jedoch das Publikum aus. Am Ende musste der Zirkus ganz schließen. Kein anderer wollte uns nehmen. Mein Onkel hatte in Tbilissi ein kleines Unternehmen gegründet und schlug uns vor, hierher zu kommen. In Georgien haben wir dann allerdings herausgefunden, dass ein Land von dieser Größe gar keinen Zirkus hat. Ja, er ist schon seit einigen Jahre geschlossen, aber er wird sich schon wieder hochrappeln, sagte ich. Wir konnten aber nicht so lange warten und haben darum den Massagesalon eröffnet.

Ich flehte Za ungefähr zwei Tage lang an, auf Georgisch, Englisch und Chinesisch, dass sie mich zur Show begleiten würde. Za erklärte mir, dass sie, auch wenn sie es von ganzem Herzen wollte, nicht wieder auftreten könnte.

Hier gehst du doch auch über ein Seil, sagte ich. Hier amüsiere ich mich einfach, aber vor so vielen Leuten ist das eine ganz andere Sache. Deine Darbietung ist absolut atemberaubend, erwiderte ich. Sie lachte.

Zweitägiges Flehen und Bitten waren schließlich erfolgreich, und ich nahm sie mit zum Casting. Meine Vorgesetzte und ihr Lover drehten völlig durch, schon als sie die drei Chinesinnen erblickten. Und als sie sie dann auf den Seilen laufen sahen, blieb ihnen der Mund offen stehen. Was für unglaublich tolle Leute du da gefunden hast! Meine Vorgesetzte schlug vor Begeisterung ihre mit Silikon aufgespritzten Lippen aufeinander. Ihr Lover saß grübelnd daneben. Gute Arbeit, sagte er später. Du hast da was ganz Besonderes entdeckt, die könnten die Stars der Show werden.

Kurzum, sie versprachen meinen Chinesinnen das Blaue vom Himmel, wie beispielsweise einen eigenen, privaten Zirkus, und auch mir schmeichelten sie und stellten Boni in Aussicht. Dieser Lover meiner Vorgesetzten schien unangemessen interessiert an den Chinesinnen, er ließ mich detailliert alles über sie erzählen. Der Geschichte von Zas Familie lauschte er mit cleverer Miene und nickte mir zu. Nach dem ersten Casting begannen wir wie die Pferde zu arbeiten, Dekorationen, Proben, Kostüme, Maske und das Erfinden einer neuen Lebensgeschichte. Angeblich hatten unsere Chinesinnen am Stadtrand von Peking ihren Familienzirkus durch einen Brand verloren und waren ohne einen Pfennig in der Tasche hierhergekommen, nachdem sie im Internet eine Reklame der hiesigen Mega-Show gesehen hatten. Kurzum, wir heckten eine ganz gewöhnliche Lüge aus, welche von den gewöhnlichen Zuschauern gewöhnlich geglaubt werden konnte. Diese ganzen Einzelheiten zerstreuten und überzeugten mich aufrichtig davon, dass ich drei talentierten Menschen half.

Der Tag der Aufzeichnung war gekommen. Die Chinesinnen kamen scheinbar zufällig, wie am Tag des Castings, herein, die Programmjournalistin drehte ein kurzes Interview mit ihnen, und das Fernsehen zeigte, wie die Chinesinnen ihre zuvor von mir erfundene Biographie nacherzählten. Diese Geschichte ergriff die

Herzen der Zuschauer, die vor dem Fernseher saßen, und rührte einige zu Tränen.

Jedenfalls waren die Chinesinnen die Heldinnen des ersten Castingtags. Im Saal applaudierte man, wie sollte es auch anders sein, dort hingen spezielle Monitore mit Angaben, was man wann zu tun hatte, wann zu applaudieren, wann zu buhen und wann zu furzen war. Mein Freund schenkte mir eines der von Breschnew herausgegebenen Druckexemplare, in denen ebenfalls darauf hingewiesen wurde, wo man in gewöhnlichen und wo in leidenschaftlichen Applaus auszubrechen hatte.

Die Produzenten des Programms gaben auch mir Instruktionen. Die Jury engagierte Za und ihre Familie gleich nach dem ersten Auftritt. Für die nächste Runde hatten wir vieles zu bedenken. Bedenke, welche Leute gekommen sind, davon sind gut 90 Prozent nicht einmal mittelmäßig talentiert, und die restlichen zehn Prozent sind von irgendwelchen vergleichbaren ausländischen Shows abgeworben. Du musst sicherstellen, dass dieses Jahr nicht wieder jemand Unverdientes gewinnt. Wir protegieren also die Chinesinnen und auch diese kleine Kindersängerin, die teilnimmt. Und wer wird für die Chinesinnen stimmen?, fragte ich. Oh, darüber will ich auch mit dir sprechen. Wir müssen eine sehr starke Show machen, und ohne Sexyness wird es die nicht geben. Ich verstand, woher der Wind wehte.

Za jammerte, aber sie hatte den Vertrag schon unterschrieben, und es wurde von ihr verlangt, in einem fast durchsichtigen Kostüm auf dem Hochseil zu laufen. Außerdem wurden Special Effects hinzugefügt sowie natürlich Musik und Licht, und die Show erwies sich wirklich als beeindruckend. Der Höhepunkt war jedoch das inszenierte Dilemma der Jury, entweder die chinesischen Akrobatinnen oder die georgischen wählen zu müssen. Natürlich war das alles eine ausgemachte Sache, die georgischen Akrobaten waren absolut untalentiert, aber wir hielten die Leute bis zum Schluss in Spannung.

Der Saal hielt mit Geschrei und Gebrüll zu den Georgiern, im Grunde ihres Herzens hatten sie aber alle nur den Gedanken, in der nächsten Runde die halbnackte Za wiederzusehen. Za war derart schön und dynamisch auf der Bühne, dass ich meinen Blick nicht von ihr abwenden konnte. [...]

5

[...]

Ich betrachtete Za, die friedlich schlief, und ich dachte, bevor sie aufwacht, stehe ich auf und bereite Tee zu, aber Tee im Bett zu servieren schien mir dann doch zu banal, und ich drehte mich lieber noch einmal um. Wenn es sonnig gewesen wäre, wär alles gut gewesen, aber es war nicht sonnig, sondern trist, und so machte es mehr Sinn, im Bett liegen zu bleiben. Und dennoch wäre es schön, im Bett Tee zu trinken. Also stand ich auf, ging in die Küche und stellte den Teekessel auf den Gasherd. Es war ein seltsamer und trostloser Tag. Ich holte gerade die Tassen herunter, als ich das erste Geschrei hörte – »Legt dieses Sündennest still, legt dieses Sündennest still« –, aus dem Hof dröhnten einige Dutzend menschliche Stimmen. Ich ging ans Fenster, zog erschrocken den Vorhang zurück und sah im Hof die »Union der fanatischen Eltern«[3] stehen. In den Händen hielten die Fanatiker Plakate, auf denen sie den Fernsehsender beschimpften und die Einstellung der Talentshow forderten: »Man kann uns unser Georgiertum nicht wegnehmen, legt dieses Sündennest still, legt dieses Sündennest still.« Ich betrachtete das Szenario verblüfft, alle Forderungen dieser fanatischen Eltern waren offensichtlich. Durch den Lärm wachte Za auf, ich dachte, ich hätte einen Albtraum gehabt, sagte sie erstaunt. Nein, der Albtraum beginnt jetzt, erwiderte ich. Was sind das für Leute, was ist das für ein Geschrei?, fragte sie. Sie fordern die Einstellung der Talentshow. Wie seltsam, warum fordern sie das hier?, fragte sie. Sie scheinen zu wissen, dass du hier wohnst. Und was hab ich damit zu tun?, fragte sie. Ich weiß es nicht, aber es ist der einzige Grund, warum diese Leute hierhergekommen sind, sagte ich. Wir schalteten den Fernseher ein, auch vor dem Sender fanden Protestaktionen statt, aber dort waren noch wesentlich mehr Leute mit weiteren Botschaften. Vor dem Sender forderten die Leute, die »chinesische Unzucht« rauszuwerfen. Die Leute hielten Fotos von Za und ihrem Massagesalon in den Händen. Ich schaute Za sprachlos an, und sie blickte erschrocken zurück. Das sind absolute Idioten, sagte ich zu Za. Ja, aber warum halten sie mein Foto in die Höhe? Ich wollte es ihr nicht sagen, aber genau in dem Moment begann der Anführer der Fanatiker im Fernsehen ein Interview zu geben: »In Georgien ist kein Platz für chinesische Huren, ich verstehe nicht, warum in der Show neben dem Kirchenchor gleichzeitig auch eine Nuttenakrobatin auftreten muss, so ein Hohn, diese Europäer wollen uns das Georgische wegnehmen ...« Za liefen die Tränen herunter. Obwohl sie nicht gut Georgisch konnte, hatte sie alles verstanden. Das war alles meine Schuld. Wenn ich nicht gewesen wäre, würde Za einfach weiter auf dem Wäscheseil hin und her laufen, und alles wäre mystisch und schön. Ich hatte sie in diesen Morast getrieben, welcher sich so unkontrolliert ausgebreitet hatte und bis hierher vorgedrungen war.

Za weinte, und ich wusste nicht, was tun. Die Fanatiker würden nicht einfach so weggehen. Ich wollte sie beschimpfen, sie für ihre Ignoranz und Unwissenheit schmähen, für ihre Blindheit und ihr falsches Verständnis meiner Religion ... Ich weiß genau, dass es diese Art von Leuten waren, die im Internet auf schreckliche Weise alle verfluchen, die kein Busticket gelöst haben, aber Bushaltestellen zertrümmern, wenn sie betrunken sind, die in die Unterführungen pissen und ihre Autos falsch parken, die den Kult um Stalin rechtfertigen und Russland unseren großen Bruder nennen, die sich selbst und auch ihre Kinder mit Aberglaube und Ignoranz vergiften.

Man rief mich aus dem Sender an, es war der Lover meiner Vorgesetzten, und als ich ihm erzählte, was bei mir im Hof los war, sagte er, sie würden ein Filmteam schicken. Und geht nicht raus. Wir würden niemals rausgehen, erwiderte ich, woher wissen die überhaupt, wo wir wohnen? Wir sind in Tbilissi, es ist nicht schwer, das herauszufinden ... Was sollen wir jetzt tun?, fragte ich. Am Abend werden wir das Halbfinale aufzeichnen, und irgendwie müssen wir euch zur Probe bringen, sagte er. Wenn wir jetzt rausgehen, essen die uns bei lebendigem Leib. Das haben sie eben geschrien, erwiderte ich. Warte, ich schicke euch auch die Leute von der Security, meinte er. Za ging es schlechter, sie war am Boden zerstört, sie konnte die Tränen nicht zurückhalten, es zerriss mich, sie anzusehen. Zas Mutter und Schwester weinten auch. Sie kündigte an, ihre Teilnahme an der Show zu verweigern, und ich erklärte sehr lange, dass sie einen Vertrag unterschrieben hatte und dass man, wenn sie nicht zum Halbfinale käme, eine sehr hohe Entschädigung von ihr fordern würde. Selbst die Typen von der Security waren bestürzt, sind sie wirklich Nutten, fragte mich einer von ihnen, ich funkelte ihn so an, dass er sich sofort entschuldigte. »Nieder mit den chinesischen Huren!«, hörte man währenddessen von draußen. Es schien, als hätten sie Banner und Slogans getauscht, diese Einzeller, diese Amöben, ich werde ihre Mutter ficken! Die müssen wirklich durchgefickt werden!, rief ich. Du verfluchst die Georgier wegen dieser chinesischen Nutten, sagte einer der Wachmänner zu mir. Diese Bemerkung hatte Za verstanden, sie schnellte hoch und ließ ihre Fäuste auf ihn niederprasseln. Er stieß sie von sich und warf erst sie, dann mich gegen die Wand. Dann trennten uns die anderen Securities. Schließlich konnte ich Za und ihre Familie flehend davon überzeugen, dass wir im Fernsehsender sicherer wären.

Wir mussten uns durch die »ihr Hu-ren, ihr Hu-ren« rufenden Leute hindurchkämpfen, einige von ihnen warfen auch mit Steinen nach uns. Mein ruhiges Leben in diesem Viertel neigte sich dem Ende zu ...

Am Eingang des Senders war es noch schlimmer. Glücklicherweise trafen wir auf Mitarbeiter der Polizei, ansonsten hätten die fanatischen Eltern uns wohl tatsächlich bei lebendigem Leibe gegessen, für eine bessere Zukunft ihrer eigenen Kinder.

Im Studio angekommen, waren wir vollkommen erschöpft. Alle Beteiligten umarmten uns und bemühten sich, Za zu beruhigen ... Der Kirchenchor entschuldigte sich bei uns, denkt nicht, dass uns mit diesen Idioten irgendwas verbindet.

Es wurde Abend, und die fanatischen Eltern zerstreuten sich in alle Richtungen. Es schien, als gingen sie nach Hause, um sich unsere Show anzusehen. Im Verlauf des Tages hatten sie in allen Nachrichtensendungen und auf allen Internetportalen über uns gesprochen. Das Rating unserer Show war in einem Tag um das Zehnfache gestiegen, angeblich hatten, eine halbe Stunde vor dem Beginn der Show, fast eine Million Zuschauer den Fernseher auf unseren Sender umgeschaltet.

Za war jetzt relativ ruhig, trotzdem konnte ich ihr nicht in die Augen schauen. Wir waren in der Maske, bis zum Beginn der Show dauerte es noch 20 Minuten. Sie drehte sich zu mir, nahm meine Hand und sagte, dass ich mir keine Sorgen machen solle, sie sei nicht wütend auf mich. Sie küsste mich. Ich küsste sie. Zas Schwester blickte zur Seite und lächelte schief. Das waren schlechte Leute, sagte sie, und ich antwortete ihr, ja, furchtbar.

Im Saal und rund um den Fernsehsender war es brechend voll. Wir vergrößerten die Anzahl der Securities im Saal ums Dreifache. Za sollte nach den georgischen Akrobaten auftreten, und wir hofften inständig, die Show möge ohne Ausschreitungen enden. Die Security-Leute kontrollierten die Zuschauer sehr sorgfältig, damit sich keine Fanatiker hereinschleichen konnten.

Wir schalteten live, die Jurymitglieder drückten ihre Bekümmerung wegen der im Laufe des Tages stattgefundenen Ereignisse aus – Sorgenbekundungen waren neuerdings der letzte Schrei, und Gleichmut erschien jetzt als schlechter Ton. Der Programmleiter kündigte die ersten Teilnehmer an, die akrobatischen Jungs kamen auf die Bühne heraus und mühten sich mit mittelmäßigen Dingen ab ... Die Jury lobte sie. Dann wurde eine Werbepause angekündigt, Arbeiter trugen Zas Set herein, und der Aufbau begann. Ich machte mir sehr große Sorgen, denn Za sollte ungesichert auftreten und noch dazu eine sehr schwierige Nummer vorführen.

Wir standen Backstage, ich hielt Zas Hand fest und sagte zu ihr, sei vorsichtig! Mach dir keine Sorgen! Der Moderator kündigte Zas Nummer an. Die Jury entschuldigte sich bei ihr im Namen des georgischen Volkes. Es folgten Unmutsäußerungen und das Pfeifen des Saales. Za fing wieder an zu weinen, die Security-Leute schafften es nur mit Mühe, die Menschen zu beruhigen. Auf der Bühne ging das Licht aus, und Zas Auftritt begann. Sie sollte auf einem in 10 Meter Höhe gespannten Seil gehen und einige Kunststücke vorführen, sie war ungesichert und trat auch ohne Sicherheitsnetz auf. Mein Herz stand fast still ...

Während ich im Backstagebereich wartete, war ich furchtbar angespannt. Auf einmal kam der Produzent angerannt, ohne Farbe im Gesicht. Was ist los?, fragte ich. Ist Za ungesichert rausgegangen? Ja, sagte ich. Ja aber, das Seil, wenn es reißen wird?, erwiderte er. Was willst du damit sagen?

Genau in dem Moment riss das Seil ...

Ich erinnere mich an einen markerschütternden Laut, gefolgt von Geschrei und Hysterie, ich erinnere mich, dass ich auf die Bühne eilte und fluchte, ich erinnere mich, dass die Ärzte Za auf eine Trage legten ... Ich erinnere mich, dass auf der Bühne ein Stück Draht herumlag und ich den Lover meiner Vorgesetzten damit strangulierte. Dann schlug mich jemand von hinten zusammen, und weiter erinnere ich mich an nichts.

Alles war eine abgekartete Sache, von den »fanatischen Eltern« bis zum Reißen des Seils. Meine Vorgesetzte und ihr Lover hatten alles arrangiert, aber sie hatten nicht vorausgesehen, dass Za heute ihre gefährlichste Nummer zeigen würde. Sie wurden verhaftet.

Bis ans Ende ihres Lebens würde Za sich nun in einem Rollstuhl bewegen müssen.

Das Halbfinale der Show wurde von fast einer Million Zuschauern live gesehen, und das Video von Zas Sturz wurde sogar eineinhalb Millionen Mal angeklickt.

Die »Union der fanatischen Eltern« wurde von den Intellektuellen der Stadt geschmäht, eine Zeitlang hielten sie sich zurück. Aber schon zwei, drei Tage später nahmen sie ihr ruhiges Leben wieder auf und pissten erneut in die Unterführungen.

Ich weiß nicht, wie ich beschreiben soll, was mit mir passierte. Vermutlich nichts. Ich versteckte mich wie ein Vogel Strauß, ich steckte meinen Kopf in den Alkohol und dachte darüber nach, dass ich nicht mehr nachdachte, ich war nicht mehr betrübt, dass ich betrübt war. Ich gedachte stattdessen meiner friedlichsten Morgen der letzten Jahre, und mir liefen die Tränen, ich weinte wie ein Mädchen und weinte und trank und dachte nicht mehr nach ...

Ich schaffte es nicht, zu Za ins Krankenhaus zu gehen. Ich konnte ihre Mutter und ihre Schwester nicht anschauen, ich wollte auch Za nicht an ein Bett gefesselt sehen. Ich gab mir allein für alles die Schuld. Ein Mädchen, welches auf einem haardünnen Seil gelaufen war, würde wegen mir nie mehr gehen können ... Und so trank ich ...

Eines Tages kehrte ich sehr betrunken nach Hause zurück. Mir fehlte jede Fähigkeit, ein Urteil zu treffen, ich ging träge die Treppe hoch und blieb neben Zas Wäscheleine stehen. Ich wollte gerade aufs Geländer klettern, als ich die Stimme meiner Nachbarin hörte – wolkenloses Wetter, du solltest nicht an Wunder glauben. Der Teppich, der bei Ihnen an der Wand hängt, das ist ein fliegender Teppich, oder?, fragte ich. Wenn du das glaubst, dann ja! Ich glaube, dass, wenn ich über das Seil laufe, auch Za wieder gehen kann, sagte ich ... Wenn es wolkig wäre, könnte ich es dir sagen, aber der Himmel ist wolkenlos, und du solltest nicht an Wunder glauben.

Ich werde gehen, sagte ich.

Versuch es.

Und ich versuchte ...

1 Pchali ist eine Paste aus verschiedenen Gemüsesorten, wie z. B. Spinat, zusammen mit Walnüssen, Knoblauch und diversen Gewürzen.

2 Der Begriff der »Abragen« stammt aus dem Nordkaukasus und wird vor allem mit gegen Truppen des zaristischen Russlands und für soziale Gerechtigkeit kämpfenden Partisanen assoziiert.

3 »Union der fanatischen Eltern« ist eine Paraphrasierung der »Union der orthodoxen Eltern«, einer konservativen Gruppe, die vor allem vehement gegen LGBTQ-Rechte (aber nicht nur) öffentlich agiert und dabei vor Beschimpfungen und aggressiven, handgreiflichen Aktionen nicht zurückschreckt. Das erklärte Ziel: die Vernichtung der Feinde der georgischen Orthodoxie.

ARTSCHIL SULAKAURI

Hochwasser

Wie hätte ich denken können, dass ich einmal selbst das Haus zerstören sollte, wo ich meine Kinder- und Jugendjahre verlebt hatte.

Tschughureti war hauptsächlich der Wohnbezirk der Müller und Fischer. Natürlich mussten die Müller und Fischer am Flussufer wohnen, und unser Stadtteil erstreckte sich auch am linken Mtkwari-Ufer von der ehemaligen Woronzow-Brücke bis zur Muchran-Brücke.

Das Haus, in dem ich wohnte, stand am Mtkwari, die Balkons hingen über dem Fluss.

Vor unserem Balkon, auf der anderen Seite des Mtkwari, lag die Madatow-Insel. Hier wurden die Müllkästen fast der ganzen Stadt entleert. Darum strichen auf der »Insel« ständig hungrige Hunde umher. Am Steilufer stand eine weiß gekalkte Hütte. Unterhalb der Hütte, am steinigen Ufer, war immer ein blau gestrichenes Boot mit breitem Boden festgemacht. Die Tür der Hütte wurde eilig geöffnet, wenn unter dem Brückenbogen ein Floß auftauchte.

Die Flößer tauchten die Staken kräftig ein, und das Floß näherte sich allmählich dem Ufer. Der Mann, der aus der Hütte getreten war, der stumme Toma, folgte dem Floß am Ufer entlang. Die Flößer warfen ihm dicke Seile zu. Der Stumme erfasste eins, umklammerte es und versuchte mit aller Kraft, das Floß anzuhalten: Mit den Fersen stemmte er sich gegen das steinige Ufer, zerrte und krümmte sich. So schleifte das riesige Floß Toma mit, bis er das Seil um einen in der Nähe der Muchran-Brücke eigens eingeschlagenen Pfosten geschlungen hatte.

Ich dachte immerzu: Einmal wird es den Männern auf dem Floß nicht gelingen, ihm die Taue zuzuwerfen, oder das Floß wird Toma ins Wasser ziehen und ertränken, aber so etwas ist nie passiert.

Vom Rand unseres Hofes war eine dicke Ziegelmauer in den Fluss hineingebaut. An dieser Mauer war mit starken Eisenketten eine Mühle befestigt.

Der untere Teil der Mühle unterschied sich in nichts von einer gewöhnlichen, doppelschiffigen Fähre. Die voneinander getrennten Boote hielten die Achse eines riesigen Flügelrades. Das Rad wurde von der starken Strömung des Mtkwari angetrieben. Vom Hof schleppten kräftige Lastträger die Fünf-Pud-Säcke über eine schmale, schwankende Brücke in die Mühle. Dabei bog sich die Brücke unter dem Gewicht, schaukelte und knarrte fürchterlich.

Die Körner schüttete man in einen von der Sonne ausgedörrten grauen Bretterverschlag, der auf dem Boot stand, das dem Ufer zugewandt war. Der Verschlag hatte ringsum einen Steg, der von einem Holzgeländer umgeben war und auf das zweite Boot hinüber führte.

Früher waren zwischen den beiden Brücken an die zwanzig solcher Mühlen aneinandergereiht, aber ich erinnere mich nicht an so viele. Zu meiner Zeit drehten sich etwa fünf Mühlen entlang des Ufers.

Wir Kinder liefen gern zur Mühle hinüber. Wir setzten uns auf die Holzbank hinter dem Bretterverschlag und träumten. Wir stellten uns vor, wir wären Matrosen, und diese alte, knarrende Mühle trug uns oft in märchenhafte Länder ...

Nach langer Zeit stand ich wieder auf unserem Balkon und blickte auf den Mtkwari. Ich schaute und konnte meinen alten Freund nicht wiedererkennen: Von Betondämmen eingeschlossen, floss er still und unscheinbar dahin. Auf der glatten Oberfläche spiegelten sich der blasse Morgenhimmel, die steinerne Uferbrüstung, die Baumwipfel und der Mtazminda.

Auf den Balkons in beiden Stockwerken war Leere und Stille. Auf den Leinen, die zwischen den Pfählen gespannt waren, flatterte keine Wäsche, man hörte nicht das endlose Lärmen der Nachbarn. Von der Flussseite drängte sich die Uferbefestigung an den Hof heran, er war zusammengeschrumpft. Auch das Haus sah kläglich aus, gealtert, gebrechlich und ein wenig nach vorn geneigt. Man konnte meinen, es fühle das nahende Unheil und wolle ihm ausweichen, könne sich aber nicht mehr aufrichten.

Ich lief durch die vereinsamten Stuben ... Alle Türen standen offen.

In diesen engen Zimmern hatten wir gewohnt. Wer nach uns hier gewohnt hat, weiß ich nicht. Die Wände sind feucht, die Decke eingefallen ...

Wer kann nur hier gewohnt haben? Der Hausbesitzer! Seinen Namen habe ich vergessen. Seine Zimmer haben keine Türen und Fenster mehr. Er hat Türen und Fenster ausgehängt und mitgenommen, auch den Wasserhahn hat er abgeschraubt. Wozu er das bloß brauchte? Er bekam irgendwo anders eine Wohnung, dort hatte er Fenster, Wasserhahn und vieles andere. Aber trotzdem hat er alles abgemacht, abgeschraubt und mitgenommen – es war meins und soll nicht für andere dableiben.

Hier aber wohnten die Freunde meiner Kindheit ... Wo seid ihr jetzt, und Nana, erinnert ihr euch noch an mich oder nicht mehr?! Ich denke oft an euch und vergesse euch nicht ... Nana, du warst damals ein schmales Mädchen, große braune Augen hattest du, verträumte Augen. Auf die Schultern hingen dir dünne, abstehende Zöpfe herab, die mit weißen Schleifen gebunden waren ...

Aber wem hat dieses winzige Kämmerchen gehört? Guten Tag, Oma Mako! Auch Sie sind fortgezogen, umgesiedelt! Wie oft haben Sie uns von diesem Balkon mit Wasser begossen, um uns Kinder für unsere Rüpeleien zu bestrafen? Wo schwirren Sie jetzt wie ein welkes Herbstblatt herum? Sie haben doch nichts in der Stube liegenlassen? Vielleicht ist Ihren neugierigen

Augen etwas entgangen und liegengeblieben? Ich glaube nicht … Halt, wieso nicht! In einem verstaubten Regal stirbt Jesus, ganz allein zurückgelassen. Dem Heiland haben Sie einen vorjährigen Buchsbaumzweig und eine halb heruntergebrannte Kerze hingestellt. Oma Mako, beim Umziehen haben Sie Ihren Jesus vergessen, vor dem Sie sechzig Jahre lang auf Knien gebetet haben … Oma Mako, warum haben Sie Gott vergessen?!

Ich trat wieder hinaus an die frische Luft und stieg in den Hof hinunter. Die andere Hofhälfte überschattete eine riesige Platane. Sie stand gegen ein niedriges Haus geneigt, als wolle sie das alte Gebäude unter den Arm nehmen und forttragen.

In diesem Haus hatte der Fischer Lado gewohnt, der gütigste und stärkste Mann in ganz Tschughureti.

Wo mag nur Iulia sein, die schöne Fischersfrau? Iulia hatte ständig ein schwarzes, enganliegendes Kleid getragen. Es hatte einen tiefen Ausschnitt, und es schien, als wolle der weiße Körper, der wie gemeißelt aussah, aus dem schwarzen Kleid herausgleiten …

Unter dieser Linde lag ein zerbrochener Mühlstein. Hier hat der Müller gern gesessen. Ja, richtig, den Müller Stepane habe ich ganz vergessen, diesen großen, immer gütig lächelnden Mann. Er pflegte seinen kleinen schwarzen Schnurrbart zu zwirbeln, zur Mühle hinüberzublicken und stolz zu sagen: Meine Königin singt! Und Stepanes Mühle »sang« tatsächlich. Sie knarrte, platschte und dröhnte, und in diesem Lärm hörte man deutlich das rhythmische Rattern des Mahlstocks …

Für Erinnerungen blieb mir keine Zeit mehr. Durch das Tor kam schon der erste Arbeiter. Er nahm Hacke und Schaufel von der Schulter und wiegte sich bedächtig. Bald mussten auch die anderen kommen.

An dem Tag hatte man mich zum ersten Mal zum Leiter der Arbeiten bestimmt, und ich war aufgeregt wie vor der ersten Prüfung. Auch für das Objekt war ich als Erster bestimmt worden, aber kaum hatte ich den Arbeiter erblickt, drückte es mir das Herz ab, als sollte ich heute einen untrennbaren Bestandteil meines Lebens zerstören. Ich sollte das vernichten, womit die glücklichsten Tage meines Lebens verbunden waren.

Der Arbeiter aber schritt schon in den Hof.

Er lehnte Hacke und Schaufel an die Mauer und setzte sich auf die Treppe. Er sah nicht einmal zu mir herüber, als stünde ich nicht dort, nahm eine Zeitung aus der Tasche und entfaltete sie. Ich wollte zu ihm hingehen und ein Gespräch anfangen. Ich wollte ihm sagen, dass ich hier der Leiter war, und erklären, von welcher Seite und wie er anfangen sollte, das Haus abzureißen.

Ich machte ein paar Schritte. Das Gesicht kam mir bekannt vor. Ich sah ihn genauer an und erkannte ihn sogar, ich erkannte ihn wirklich: Es war der Fischer Lado.

Seine Gleichgültigkeit befremdete mich. Still war er hereingekommen, hatte sich auf die Treppe gesetzt und den Kopf in die Zeitung gesteckt. Er hatte nicht einmal einen Blick auf sein ehemaliges Haus geworfen, als hätte er nicht dort gewohnt, als wäre dort nicht seine Heimstatt gewesen.

»Guten Tag, Onkel Lado!«, konnte ich mich nicht länger zurückhalten und grüßte.

»Guten Tag!« Der alte Fischer hob den Kopf und sah mich an, er kniff die Augen etwas zusammen und starrte mich an.

Ich stellte mich vor ihn hin und fragte: »Erkennst du mich nicht, Onkel Lado?«

Der alte Fischer stand auf und drehte mein Gesicht zum Licht, musterte mich erstaunt, lächelte und sagte: »Nein, Kind, ich erkenne dich nicht.«

»Mamuka bin ich, Onkel Lado!«

»Mamuka?«

»Da hier, da habe ich gewohnt«, ich drehte mich um und zeigte mit der Hand auf die Ecke im ersten Stock.

»Ach, du bist es, Junge?«, fragte er so, als träfe er mich jeden Tag.

Der alte Fischer setzte sich wieder auf die Treppe. Er holte eine Zigarette hervor und fing an zu rauchen. Ich begriff nicht, ob es ihm angenehm war, mich zu sehen, oder nicht. Er saß in Gedanken versunken und sog in tiefen Zügen an seiner Zigarette.

Er war alt geworden, aber er war nicht hinfällig, sondern sah noch rüstig aus. Sein Haar war grau und schütter geworden. Sein sonnenverbranntes Gesicht und der Nacken waren tief zerfurcht. In seinen Augen war das frühere Feuer ausgegangen, erloschen. Sein Schädel schien mir kleiner geworden zu sein, deshalb erschienen seine Schultern übermäßig breit. Solche Jungmännerschultern hatte ich bei anderen alten Männern noch nicht bemerkt.

Ich hatte gute Laune und wollte etwas sagen oder an etwas erinnern, das beide erheitert und in angenehme Erinnerungen gebracht hätte, doch das Schweigen brach der alte Fischer: »Von dir hat man erzählt, du wärst im Krieg gefallen ...«

»Wie du siehst, bin ich nicht umgekommen«, spottete ich.

»Ich sehe es. Deine Mutter habe ich damals ein-, zweimal auf dem Markt getroffen, sie hatte Trauerkleidung an ... Es wäre mir schwergefallen, ihr ein tröstendes Wort zu sagen, und ich habe sie nicht angesehen. Lange bin ich ihr nicht mehr begegnet.«

»Jetzt geht es ihr gut.«

»Viele wart ihr hier ... Kinder«, begann Onkel Lado, »gute Kinder ... wo ist Schota, was macht er?«

»Er ist Arzt ...«

»Nodar?«

»Ist im Krieg gefallen.«

»Gogia?«

»Der auch.«

»Und das kleine Mädchen da ...«

»Nana?«

»Ja, Nana.«

»Hat geheiratet ... ich glaube, sie hat drei Kinder ...«

»Und ihr Bruder?«

»Guram? Ist Bauarbeiter ... arbeitet in Rustawi.«

Onkel Lado verstummte. Dann wandte er sich plötzlich an mich: »Und was machst du?«

»Ich?«

»Warum bist du so zeitig hierhergekommen?«

Er hatte mir die Gelegenheit gegeben, und ich sagte ihm, wozu ich hergekommen war. Lado stand auf und legte mir seine bleischwere, wuchtige Hand auf die Schulter.

»Eine leichte Sache hat man sich da vorgenommen ... Zerstören ist einfach ... Ich habe vieles zerstört ... In Jahren Erbautes habe ich an einem Tag zerstört ...« Er winkte ab und entfernte sich von mir. Dann wandte er sich mir wieder zu. Seine Augen waren mit Bitternis gefüllt. »Obwohl dieses Zerstören eine gute Sache ist ... Dies reißt du ab und baust ein Besseres auf ... Aber was ich zerstört habe, konnte ich nicht wieder aufbauen ... konnte ich nicht wieder aufbauen ...«

Meine Stimmung schlug um. Ich verlor die Aufregung und Freude, die mich heute vor Sonnenaufgang hatten aus dem Bett springen lassen. Ich stand da und sah Onkel Lado sinnlos nach. Er stand bei den eben gekommenen Arbeitern. Als er aufhörte zu reden, kam er zu mir und sagte: Das Haus wollen wir auf die und die Weise einreißen. Ich hatte meinen eigenen Plan ausgearbeitet, sobald ich aber meinen Mund zum Sprechen auftat, kam mir der alte Fischer zuvor: »Fang das Leben nicht mit Zerstören an, wehe, wenn du dich unterstehst ...«

Damals begriff ich, dass Onkel Lado jeder Kleinigkeit im Leben große Bedeutung beimaß.

Die Arbeiter begaben sich in das Haus.

Onkel Lado stieg bedächtig die Treppen empor. Im ersten Stock sah ich seine breiten Schultern auftauchen.

Ich stand da wie ein Zeuge. Ich folgte der Tätigkeit der Arbeiter nur mit dem Auge, als beträfe mich diese Sache gar nicht.

Mein Blick glitt zum Dach hinauf. Onkel Lado hatte sich auf dem Dach aufgerichtet und schaute auf den Mtkwari.

Lange schaute er hingebungsvoll, dann wandte er den Kopf, sah in den Hof hinab und ließ seinen Blick über die krummen Balkons mit den ausgefallenen Geländerstangen gleiten, über die verdreckten Veranden, die eingebrochenen Treppen und die feuchten Mauern ... Der alte Fischer lächelte ... über ihm, um ihn war blauer Himmel, blau und durchsichtig.

Das alte Haus, das Nest meiner Kindheit, wurde abgerissen ... In seinen Mauern würden bald meine zwanglos, sorglos verbrachten Tage untergehen. Mein Herz zog sich zusammen: Auch in mir zerbrach etwas ... Dies war eine mit Kinderherz empfundene und erlebte, von Kinderaugen gesehene Welt.

An ihrer Stelle lebte in meiner Vorstellung ein anderes Leben, das ich damals nebenbei wahrgenommen und nicht gesehen und erlebt hatte und das ich jetzt mit anderen Augen sehe und mit anderem Herzen erlebe.

REISE DURCH DIE REGIONEN – ÜBER HÖHEN UND TIEFEN

FLÜSSE

DATO KARDAVA
Über den Mtkwari

Von der Quelle bis zum Kaspischen Meer ist der Mtkwari 1515 Kilometer lang. Aber ein Wunder ist die Tatsache, dass Tbilissi davon nur 35 Kilometer gehören – von den Stadtteilen Awchala bis Ortachala. Im mittelalterlichen Epos *Der Recke im Tigerfell* ist der Mtkwari einer der vier Flüsse von Eden (Pisson/Geon/Tigris/Euphrat). Der georgische Wissenschaftler Viktor Nozadze beruft sich in einem Essay über dieses Epos auf seinen Kollegen Franz Kaulenis, der Pisson oder Bisson für eine alte Bezeichnung von »Kura« oder »Kur« hält – ein anderer Name für den Mtkwari. Das ist der aktuell gebräuchliche Name des Stromes, der mit dem Fluss Araks ähnlich verbunden ist wie der Euphrat mit dem Tigris.

Geologen behaupten, dass Tbilissi und seine Umgebung im Erdzeitalter des Tertiär wie der Kaukasus von einem Meer bedeckt war. In dieser Epoche entstanden langsam die Berge – ein gewaltiger, langandauernder Vorgang. Auch die Berge in der Umgebung von Tbilissi formten sich damals. Sie werden gerne verglichen mit Kamelen mit abgenutztem Rücken, von denen Tbilissi umgeben ist: Mtazminda, Shavnabada, Teleti, Tabor, Makhata, Otkini-Hügel ...

An den Ufern des Flusses wurden mehr als zehn Städte erbaut – in der Türkei, Georgien und Aserbaidschan. In der Umgebung des heutigen Tbilissi hat der Fluss die Landschaft so geprägt, dass die Umgebung der Stadt laut dem persischen Dichter Safi Khalkhalis majestätischer als der Garten Eden war. Der Mtkwari war sozusagen der erste Architekt von Tbilissi, denn das Flussbett hat die Stadt gestaltet. Auf der rechten Seite des Mtkwari reihen sich die Trialeti-Berge, auf der linken Seite beginnt der südliche Teil des Kaukasus. Diese Bergketten begrenzen die Fläche der Stadt. Nur im Norden, woher der Fluss kommt, öffnet sich das Stromtal, die anderen drei Seiten der Stadt sind von Bergen umgeben ... Aus einem dieser Berge sprudeln die warmen Quellen. Nach Vakhuschti Bagrationi, einem georgischen Geographen aus dem 18. Jahrhundert, ist der Mtkwari der größte Fluss Georgiens ... Natürlich war der Strom nicht allein für die Entstehung und die Lage von Tbilissi verantwortlich. Neben ihm gibt es andere, kleinere Flüsse: Tsavkisi, Vere und Avanaantkhevi – alle drei sind rechte Nebenflüsse des Mtkwari.

Der Mtkwari ist nicht nur für Tbilissi sehr wichtig, sondern für ganz Georgien. Der Schriftsteller Michail Jawakhischwili nennt ihn den Mutterfluss Georgiens. Es ist kein Zufall, dass in der Antike in Georgien das Wort »Stadt« gleichbedeutend mit Tbilissi war – und »Wasser« mit Mtkwari.

Und wie ist aus Mtkwari Kura geworden? ... Die alten Griechen (z. B. Strabon) nannten den Mtkwari Kora. Im Laufe der Zeit hat sich dieser Name zu »Kura« verändert. Die russische Sprache hat den griechischen Namen übernommen, und deswegen heißt der Mtkwari auf Russisch »Kura«.

NAIRA GELASCHWILI

Der Vater und das Wasser

Drei Dörfer sind die Hauptorte, an denen ich meine Kindheit verbrachte. Von ihnen will ich berichten.

Ich bin Gott unendlich dankbar, dass er mir die Chance gegeben hat, dort zur Welt zu kommen, wo meine Ahnen zur Welt gekommen sind, in einem von ihnen gebauten, wie ein Kloster dickwandigen Haus (das jetzt mit einem zerfallenen Dach dasteht und den Wandmalereien der Feuchtigkeit). Dies also ist das erste Dorf. Im zweiten und dritten lebte ich, weil mein Vater dort arbeitete.

Alle drei Dörfer liegen in Kachetien, d. i. in Ostgeorgien.

Der Name des ersten ist mit »Rehkitz« verbunden und weist darauf hin, dass einst, vermutlich vor Jahrhunderten (aber genauer: wohl eben da, als man diesem Dorf seinen Namen gab), an diesem Ort viele Rehkitze umhersprangen.

Der Name des zweiten Dorfs, *Napareuli*, enthält die Wurzel *par*, und ich glaube, weil hier oft oder lange Zeit eine Schafherde gehalten wurde und, als sie den Ort verließ, ihre Spuren zurückgeblieben sind. (Wie man die von einem Haus – *ssachli* – hinterlassenen Spuren *nassachlari* nennt: *Stelle, an der ein Haus gestanden hat.*) Es ist auch möglich, dass *par* nicht von *para (die Schafherde)*, sondern von *pari (der Schild)* kommt, aber *para* ist mir lieber.

Der Name des dritten Dorfs beginnt mit *zin (vor)*, was ebenso *vor* wie *hinten* bedeuten kann – *zinad (früher)*. Das Vorige oder Frühere oder in der Vergangenheit Liegende oder das, was immer vorn ist, weil es hinten geblieben ist. Und wenn man alt wird, kehrt man durch die Alleen des Herzens, durch die Tunnel des Gedächtnisses wieder dorthin zurück: in dieses Vergangene, und so schreitest du durch die Kindheit hindurch in den Tod hinein, was ein Fortschreiten ohnehin immer bedeutet.

In dem ersten Dorf kann ich meinen Vater nicht sehen. Er ist nirgendwo zu finden. Der Grund ist, dass er anderswo, in einem anderen Dorf, gearbeitet hat und wohl erst nach Hause gekommen ist, wenn ich schon schlief.

Das erste, das Dorf meiner Ahnen, bleibt bis heute eine ewige Station: Die Großeltern sind gestorben, aber das Haus steht noch da, umringt von den alten Obstbäumen, die meine Eltern, die Großeltern und deren Eltern gepflanzt haben und die allmählich die Kraft verlieren, Früchte hervorzubringen.

Im zweiten Dorf haben wir eine Zeitlang mit der ganzen Familie gelebt.

In dem dritten aber habe ich selbst nicht mehr gewohnt: Meine Mutter und wir Kinder waren da schon in der Stadt und fuhren regelmäßig zu unserem allein gebliebenen Vater und zu unserer Amme, bis auch mein Vater endlich zu uns in die Stadt zog, wo der Tod auf ihn wartete.

Jetzt aber möchte ich das fließende Bild anhalten: mit der Macht der Wörter: das Wasser, der Fluss.

Er fließt, schlägt die Wellen: riesig, breit.

Es ist der Alasani.

Mein Heimat-, das heißt mein Mutterfluss, mein Fluss, obwohl ich ihn nicht oft sah, denn: Er fließt ja an keinem dieser drei Dörfer unmittelbar vorbei. Aber er war immer geahnt irgendwo, nicht fern und nicht nah.

Das erste Dorf lag weit vom Alasani entfernt, das zweite näher bei ihm, das dritte noch näher. So näherten wir uns ihm nach und nach.

Im ersten Dorf war das Wasser überhaupt weit von uns entfernt, man konnte es nirgendwo in der Nähe sehen, nirgends lebte es. Wir holten es von weit her, aus einer tiefen Schlucht, Kardiachi genannt.

Esel oder Pferde trugen riesige dickbauchige Tonkrüge (die Erwachsenen kleinere Krüge in den Händen) und schritten in schaukelndem Gang auf dem Hang einen schmalen, steinigen Pfad hinab und hinab, in die Schlucht, aus deren Herzen die Quelle sprang.

Und jetzt scheint mir dieses Wasser so fern, so tief, so unten zu sein, als sähe ich es mit einem entfernenden Fernglas. Bis wir an der Reihe waren, bis unsere Gefäße mit Wasser gefüllt waren, spielten wir Kinder ein wenig dort, ich erinnere mich nicht mehr, was, in dem dichten Wald von großen Pflanzen, die das Moor bestanden und befleckten wie eine Froschhaut.

Und dann saß ich wieder auf dem Pferd oder Esel und streifte mit meinen Beinen die nassen Bäuche der Tonkrüge. Wenn der Pfropfen im Gefäß sich lockerte, begann das Wasser zu tropfen und über meine Beine zu fließen, besonders dann, wenn ein Esel oder Pferd irgendwo anstieß, und ich sagte dem Erwachsenen, der mit mir war und immer ein Mann war, Bescheid.

(Mein Großvater hatte eine Gewohnheit: Wenn ihm etwas sehr gefiel, sagte er: »Das ist wie Pratapapoi.«

In seiner Jugend, das heißt unter Nikolai und in der letzten Zarenperiode, hatte ein von Russland geschickter Ingenieur das Wasser aus der Kardiachi-Schlucht nach oben auf die Landstraße geleitet. Heute noch liegt dort am Straßenrand das eiserne dicke Rohr mit seinem Wasserhahn und dem neben ihm mit Kalkmörtel gebauten langen »Schiff« mit dem Wasser für das Vieh. In der Erinnerung des dankbaren Dorfs wurde das Werk des Ingenieurs zum Symbol für eine gut, gewissenhaft, tadellos vollbrachte Arbeit.

In meiner Zeit, das heißt der Sowjetzeit, allerdings kam sehr selten Wasser durch dieses Rohr, deshalb mussten wir zur Kardiachi-Schlucht hinunter. Ja, und dieser Ingenieur hieß Protopopow.)

Im ersten Dorf also musste das Wasser herangeschafft werden. Und wer hätte dir da erlaubt, das mit solcher

Mühe herbeigeholte Wasser zu vergießen, auch wenn du es noch so gern gewollt hättest.

Aber meine Großmutter erinnerte sich noch gut daran, wie man das Wasser, das aus der Kardiachi so schwer heraufgeholte, vergoss, bis zum letzten Tropfen ausgoss, es auf die jungen Mädchen spritzte, die mit aufgelöstem Haar über die von der Dürre brennend heiße Erde zogen, barfuß von Dorf zu Dorf mit einem kleinen Männlein aus Ton in der Hand, dem »Lazare«, und vor jedem Tor zum Herrn und zum Himmel flehten: »Wir wollen die Dürre nicht mehr, Gott, gib uns Schlamm.« Und in den Dörfern wurden die Kirchenglocken geläutet (obwohl dieser Rest eines alten Kultdienstes offensichtlich nicht christlicher Herkunft war, sondern vermutlich noch aus den Zeiten der Sonnen- oder Himmelsanbetung stammte), und aus jedem Hof schwappte das Wasser – aus Eimern, Kannen, Krügen, Gläsern und Schalen vergossen es die Kinder, die buckligen alten Frauen, die grauhaarigen Männer und die jungen Mütter mit den Säuglingen im Arm ... Verspritzt, verschüttet, vergossen: das so mühsam aus der Schlucht Herangeschaffte. Und nicht nur das: Meine Großmutter selbst, etwa dreizehn, vierzehn Jahre alt, kurz vor ihrer Heirat, war mit diesen Mädchen in der schonungslos brennenden Sonne und wanderte barfuß in ihrem nassen, am Leib klebenden Kleid von Dorf zu Dorf und hielt auch den kleinen tönernen Lazare in der Hand. »Und wie ich ihn hoch zu dem glühenden Himmel hob, flossen mir die Tränen vom Gesicht, weil ich unseren verdorrten Acker sah, und außerdem schien mir, dieser kleine Lazare sei mein Kind, und er tat mir leid, weil er bald nass und bald wieder trocken war.« Und wenn nicht noch in derselben Nacht, regnete es doch bestimmt am nächsten Tag schon.

Und ich sah, wie Groß und Klein die Hände zum Himmel hoben und wie sie in diesem reichen Regen tanzten. Am deutlichsten aber sah ich meine ganz junge Großmutter, fast noch als Kind, und den Großvater, die noch nicht ahnen konnten, dass sie sich bald um meinetwillen vereinigen würden: um mich zur Welt zu bringen.

Das dritte Dorf also war dem Alasani am nächsten, aber doch nicht so nah, dass ich ihn hätte allein erreichen können. Jemand musste mich zu ihm bringen, und ich weiß noch, wie das zum ersten Mal geschah:

Mein Vater sprach: Jetzt werde ich euch zum Alasani führen, und ich erinnere mich: Die Welt erbebte. Was mich so außer mir sein ließ, war natürlich Freude, und zwar eine, die eine allseits schicksalsträchtige Ungeduld und Hast stürmisch in mir hervorrief. Wäre ich in ein Feuer gefallen, hätte ich es nicht gemerkt, weil vor meinen Augen der Fluss war, zu dem es mich so zog, und hätte ich statt meines Vaters am Steuer gesessen, so hätten wir diesen Fluss nie erreicht: Wir wären irgendwo unterwegs in eine Schlucht abgestürzt.

Also dieses Bild: Der Fluss eilt, fließt, der große, der starke, der breite, der liebe, der fremde.

Zu seinen beiden Seiten wächst Wald, da stehen riesige Bäume, und mein Vater steht im Fluss wie ein Baum. Das Wasser reicht ihm bis zur Brust, er breitet die Arme aus und lacht. Ich bin auch dort, am Ufer: Verrückt vor Freude springe ich ins Wasser. Mit einem wilden Lachen, Schreien rufe ich nach jemandem, springe hoch, mit den Händen erreiche ich die Wasseroberfläche, mit den Füßen den Grund, und dann springe ich wieder hoch in die Luft. Und ich glaube, die anderen waren auch da, bestimmt sind meine Brüder unter ihnen, aber ich kann keinen sehen. Ich sehe nur den Vater, den Fluss und mich selbst. Dass ich keine Angst vor dem Fluss hatte, kam daher, dass mein Vater in ihm stand und lachte, bis zur Brust im Wasser.

Ich bin schon lange viel älter, als mein Vater damals war ... Und gestern, als ich in das Büchlein einer Dichterin, die meine Freundin ist, hineinsah, fragte meine Freundin mich von dem weißen Blatt her: »Hat dich jemals etwas wirklich gefreut, hast du etwas wirklich gewollt und geliebt?« Und ich glaube, dieses »wirklich« lässt in meinem Leben nichts anderes gelten, außer jener Freude, die nur mit dem Fluss verbunden war, zu dem mein Vater mich immer gebracht hatte.

Jetzt lebt mein Vater nicht mehr, auch diesen Fluss gibt es nicht mehr. Mein Vater ist schon lange zu Erde geworden, und dieser Fluss – Mutter Alasani – ist, wie die Wissenschaftler sagen, ein »toter Fluss«.

REWAS INANISCHWILI

Der grüne Nebel

Diese Blumen, sagt, dieser Himmel, tun sie niemandem leid?
G. Tabidse

Ilo Kachischwili, Lehrer für Werkunterricht an einer Mittelschule in unserer Stadt, fuhr aufs Land, er hatte seinen Jungen mitgenommen, Gulbaati oder, abgekürzt, Gula. Ihren Bus verpassten sie, der Fahrplan war geändert worden, sie mussten zum Zalmiani[1] per Anhalter mit einem Lastwagen fahren. Es war Mitte April und schon recht warm. Am Zalmiani hatten sie auszusteigen und dann den Iori zu durchqueren, dort war das Dorf schon nah, auf einer Anhöhe hinter einem zerrupften Wäldchen. Am Anfang des Dorfs, neben dem alten, rostfarbenen Friedhof, stand sein Vaterhaus, niedrig, mit unglaublich dicken Mauern und einem von Moos bewachsenen Ziegeldach. Seit die Mutter gestorben war, war das Haus ganz verlassen, den Weingarten nahm man ihm weg, den Wein- und den Obstgarten, weil er nicht in der Kollektivwirtschaft arbeite und ihm das nicht gehöre. Ilo ging hin, kämpfte, flehte, zeigte bald dem und bald dem seine im Krieg zerfleischte Flanke, bis man ihm endlich einen Teil und den Hof zurückgab – tausendfünfhundert Quadratmeter. Er war auch dafür schon sehr dankbar. Er kam Samstag – Sonntag hin, grub, beschnitt, jätete, spritzte Kupfervitriol. Er baute allerlei an, so viel, wie er brauchte – Trauben, Bohnen, Gurken, Tomaten. Er selbst und die Seinen glaubten, alles Hiesige habe einen anderen Geschmack, er überzeugte auch seine Freunde und Nachbarn davon. Brachte er ein Dutzend Gurken und zwei Kilo Tomaten mit, lud er unbedingt jemanden ein, bereitete einen Salat – mit Peperoni, Basilikum, Essig –, stellte gekühltes Bier und

Wein auf den Tisch, trank, bewirtete seine Gäste und betete zum »himmlischen Vater« für Himmel und Erde unseres Landes. Bei jedem Bissen, den er tat, rief er aus: »Oh, oh, was für einen Geruch das hat, Mann, was für einen Geschmack, Mann, da, komm und gib dich nicht hin dafür!« Auch seine Jungen hatte er zu diesem Empfinden erzogen. Sie liebten das Dorf. Die älteren besuchten die Schule, so nahm er Gula mit, dass er frische Luft schöpfe, Appetit bekomme. Während er im Weingarten arbeitete, pflückte Gula am grünen Hang Blumen und jagte Schmetterlinge. Waren die beiden müde, setzten sie sich dort im Garten, nahmen im Schatten eines Aprikosenbaums die aus der Stadt mitgebrachte Wurst, den Käse, die Radieschen und die Limonade heraus, aßen, stillten ihren Hunger, dann legten sie sich hin oder rangen und rauften miteinander und fuhren am Abend mit dem Bus zurück. Manchmal kamen sie nicht einmal ins Haus hinauf (was tun, wenn man nur einen Tag zur Verfügung hat). Er fragte die Nachbarn, wie es stehe um sein Haus, borgte sich die Geräte gleich da, im unteren Dorf, arbeitete und fuhr zurück. Auch jetzt hatte er vor, bei Gwaridses eine Hacke zu leihen.

Als das Auto das Ssamgori-Tal hinter sich gelassen hatte und der Iori in Sicht kam, blickte Ilo zum Iori, und das Herz ging ihm auf. Der Iori war angestiegen, teils angeschwollen, teils eingeengt, blitzte und flimmerte schön unter der hochgestiegenen Sonne. Die Wein- und Obstgärten am Dorf waren wie mit roter Asche bestreut – die Pfirsiche blühten. Das Wäldchen stand in einen grünen Nebel gehüllt, die Espen und Weiden öffneten die Knospen. Gula rief plötzlich: »Da – unser Haus, dort, wo der Rauch steigt, dahinter.« Von oben nahm der Fahrer den kürzeren, geraden Weg. Ilo brauchte nicht an die Kabine zu klopfen, der Fahrer hielt von selbst, stieg aus, half Ilo herunter und fragte Gula: »Na, hast du nicht gefroren, warum warst du auch so stur und bist nicht in die Kabine gekommen?« Gula lächelte, da legte der

Fahrer ihm die Hand auf die Schulter, schüttelte ihn ein wenig und sagte: »Wirst ein kräftiger Bursche werden!« Er bekam sein Geld und fuhr weiter.

Ilo und Gula blieben allein am Wegrand, auf einmal waren sie wie betäubt.

»Jetzt kannst du das etwas aufknöpfen«, sagte Ilo zu Gula und öffnete den Kragenknopf an Gulas Jacke. Er selbst nahm seinen Regenmantel ab, legte ihn auf die Tasche, dann warf er sich die Tasche über die Schulter. »Gehen wir!« Sie stiegen den Hang hinunter. Gula begann zu laufen, mit seinen neuen braunen Schuhen holpernd und über die Steine stolpernd.

»Sachte, sachte, Junge!«, rief ihm Ilo nach, aber Gula schien seinen Ruf überhaupt nicht zu hören. Er lief hinunter, unten, am Sumpf, hielt er an und wandte sich lachend zum Vater um. Ilo lief auch ein Stückchen – »eh, bin recht schwerfällig geworden« – er schaute auf seinen Bauch – »wenn ich bei mir fertig bin, werde ich der Tante helfen, irgendwie muss ich ihn wegkriegen«. Am Sumpf angekommen, atmete er tief, wölbte die Brust vor und zog den Bauch ein. Im Sumpf blühten Binse und Schilf, das eine wie das andere war so zart, dass Ilo Lust bekam, es zu kauen. Irgendwo hoch am Himmel schrillten aufgeregt Lerchen. Ein Lufthauch brachte Koriandergeruch vom Feld. Die Berge waren nass, auf den Gipfeln des Ziwi und des Ialno lag ja noch Schnee.

»Vati«, fragte Gula plötzlich, »gibt es bei uns Krokodile?«

»Wo bei uns?«

»In unserem Land.«

»Nein, Krokodile gibt es bei uns keine.«

»Warum?«

»Krokodile lieben warme Gegenden sehr, wo es keinen Schnee gibt.«

»In Amerika?«

»Ja, in Südamerika, da gibt es die.«

»Könntest du sie töten?«

Gula sagte nichts. Er trat nicht mehr an das Wasser heran und warf auch keine Steine mehr wie eben, am Flussarm.

»Gehn wir ein Stück stromabwärts!«, sagte Ilo und begann, eine Furt zu suchen. Er ging und ging, aber das Wasser wurde nur immer tiefer. Dann wandte er sich stromaufwärts. Endlich blieb er stehen, tat, als rieche er am Wasser, schaute hin, schaute her und lächelte Gula zu. Ilo kannte sich aus: Hier konnte ihm das Wasser höchstens bis zur Brust reichen, und dies gleich beim Hineingehen, solange noch Wärme und Kraft im Körper waren, dann wurde es nach und nach flacher. Dennoch zögerte er eine Weile, er war ja mit Gula. Nein, Angst hatte er nicht, vor dem Iori würde er sich nie fürchten, auch wenn er Berg und Tal forttrüge, aber Gula ... Wenn Gula Angst bekäme? Lächelnd begann er sich auszuziehen. Er warf alles ab: Hose, Hemd, Unterhemd. Nur die blaue Unterhose behielt er an. Er band die Kleider mit dem Gürtel zusammen, befestigte sie an der Tasche, dann hängte er sich die Tasche um, setzte sich Gula auf den Rücken und tat lächelnd den ersten Schritt ins Wasser.

»He, nun kränke du mich nicht!«, wandte er sich zärtlich an den Fluss. Das Wasser gluckste ihm etwas zur Antwort, umarmte seine Beine und zog ihn an sich. Ilo schritt vorsichtig, mit dem Fuß über den Boden gleitend. Seine Schläfen füllten sich mit Kälte, mit Schlammgeruch und Lärm ... Seine Schritte wurden allmählich geschwinder, und da geschah plötzlich das, was Ilo von Anfang an befürchtet hatte: Der Boden sackte plötzlich ab und war nicht mehr fest (das kommt bei einem neuen Flussbett vor). Das Wasser nahm ihm die Beine weg, und er schwankte.

»Ach, Vati!«, schrie Gula auf.

Eine Weile ruderte Ilo hilflos mit dem linken Arm, dann fand er mit dem Fuß den Boden wieder, strich sich mit der Hand die Wasserspritzer vom Gesicht und schrie den zitternden Gula an:

»Na! Hab keine Angst!« Zugleich rief er gellend: »Eheuuh! Ohoouh!«

Der Junge hielt sich an seinem Haar fest und gab keinen Ton von sich. Zähneknirschend stemmte sich Ilo gegen das erstaunlich dichte und starke Wasser. Das Wasser brauste, riss Steine heraus, warf sie ihm gegen die Füße, wiegelte den Kies auf, aber Ilo ertrug alles, langsam kam er mit der Brust herauf, bald zeigte sich auch seine rote, vernarbte Seite, dann auch die Unterhose, und lächelnd wandte er sich zu seinem Gula:

»Wir sind durch! Hab keine Angst mehr!«

Der angespannte, zitternde Gula wurde plötzlich weich, doch ließ er die Hände nicht vom Haar des Vaters. Dann rief Ilo noch einmal gellend: »Eheeuh! Ohoouh!«, und beschleunigte die Schritte, fast lief er im Wasser, das ihm jetzt nur noch bis zu den Knien reichte. Er kam ans Ufer, setzte Gula ab und kauerte sich vor ihn: »Na, Tollpatsch« – er rüttelte ihn am Bauch –, »hattest wohl Angst?!«

Und als auf dem Gesicht des düster und verständnislos blickenden Gula ein Lächeln erschien, legte Ilo auch die Tasche und die Kleider ab, breitete die Arme aus und begann, um seinen von der Kälte taubgewordenen Körper zu erwärmen, auf einem kleinen Schlammfleck den »Tschetschnuri«, den tschetschenischen Tanz, zu tanzen. Er bewegte flink seine von den Haaren schwarz gestrichelten krummen Beine und schleuderte den nassen Kies nach allen Seiten von sich.

Schließlich forderte er Gula zum Tanz auf, Gula wollte nicht. Er stand da und schaute bald auf seine nassen Schuhe, bald auf den Vater und lächelte ihn unschlüssig an. Da richtete sich Ilo auf, wandte sich zum Wasser und rief ihm zu:

»He, unser guter Iori! Danke, dass du uns friedlich durchgelassen hast!«

Der in freier Breite dahinströmende Iori glänzte, glitzerte, schimmerte und lärmte gleichförmig, ununterbrochen dahin. Auf den Fluss, das steinige Ufer, das Wäldchen und den grünen waldlosen Hügel legten sich die feucht erscheinenden Strahlen der Frühlingssonne.

»Der hat dich doch fast umgeworfen?!«, fragte Gula den Vater erstaunt.

»Wer, der Iori? Was redest du? Der? Ein großer Fisch ist gegen mich gestoßen und ...«

»Wirklich?«

»Na freilich. Er konnte sich kaum zwischen meinen Beinen durchdrängen ...« – Ilo spreizte die Beine und zeigte, wie er schwankte.

»Ehrenwort?«

»Ehrenwort!«

Nun schaute auch Gula den Fluss mit ruhigen zärtlichen Augen an. Er wusste schon, dass dieser große, starke, plätschernde Strom in den mit Schnee bedeckten Bergen auf die Welt kam. Dort war er schmal und wand sich wie eine Blindschleiche durch ausgeschürfte Stellen, von überall her rollten, Tropfen um Tropfen, beiderseits andere Wasser heran, er wuchs, schwoll an, verzweigte sich, vereinigte sich wieder und trug vielerleifarbene Steine mit, verschiedenerlei fein gemahlenen Sand, unterschiedlich großes und unterschiedlich geschwind treibendes Geröll, und alles das trug er vereint irgendwo fernhin, zu einem märchenhaft fernen blauen Meer. Noch ein erstaunlich klar ausgeprägtes Detail fügte sich zu diesem Bild. Das waren riesige, stumpfnasige Fische mit schlau zugekniffenen Augen, die gehorsam wie Baumstämme schwammen, hin und her huschten zwischen den Beinen der Menschen, die den Fluss durchwateten.

Ilo ging hinter einen Sanddornbusch, zog seine Unterhose aus und wrang sie. Dort, als er allein war, beschlich ihn ein unangenehmer Gedanke: »Tue ich aber recht, dass ich dem Jungen die Liebe zum Fluss einpflanze? Es kann doch sein, dass er sich erkühnt und dann ... ja, ertrinkt.« Er hatte plötzlich Gulas aufgedunsenes, blau gewordenes Gesicht vor Augen. Er erschrak, erschauerte. »Nein, nein, besser ist, er hat Angst vor ihm, ja hasst ihn!« Rasch zog er die Unterhose an, dann die Oberbekleidung. Er umarmte Gula und ging mit ihm so zum Dorf. Über den Fluss aber sagte er zu ihm nur dies: »Für den Menschen sind große, starke Ströme gut. Aber auch die Ströme lieben starke Menschen. Du musst viel essen, damit du stark bist und der Fluss dich lieben kann ...«

Er hatte ein sorgenvolles Gesicht, als er sich zu seinem Sohn neigte, und ging, als hinke er.

Auf dem breiten Steinufer sahen beide, Vater und Sohn, zwischen den wirr verstreuten Steinen und dem Gestrüpp sehr klein, sehr hilflos aus ...

1 Name einer Stelle in der Landschaft, bedeutet: »Stelle mit dem Rebenreisighaufen«

BERGE UND TÄLER

ANDREJ BITOW

Dschwari nicht zu sehen

Ich ging durch das Gras um die Sweti-Zchoweli-Kirche. Es war so still, dass sogar das Dröhnen in den Ohren, das bei völliger Stille aufkommt, selbst das war nicht zu hören in dieser wattigen Lautlosigkeit. Meine Schritte im Gras waren nicht zu hören. Kein Laut, kein Lüftchen, weder Schritte noch Rauschen des Bluts. Auch kein Vogel flog vorüber.

Alles war erstaunlich gleichartig: Licht, Luft, Gras, Stille.

Die Welt war ohne Schatten. Solcherart war das Wetter: am Himmel weder Wölkchen noch Wolkendecke noch Sonne, doch war es hell. Es gab keinen Himmel.

Sonst ist über dem Tal drüben, auf dem Berg, von hier aus Dschwari gut zu sehen. Es war ebenfalls nicht sichtbar in dieser Milch. Dschwari nicht zu sehen.

Die Weichheit der Beleuchtung war ungewöhnlich. Und unbegreiflich war, wie völlig ohne Schatten ein räumlicher Eindruck entstehen konnte, dabei erschien die Kirche sogar besonders räumlich. Mir war, als sähe ich sie andauernd ganz, als machte der Blick einen Bogen und umfasste sie. Die Kirche war völlig allein in dieser Welt, es gab keinen weiteren Körper oder Gegenstand im Gesichtsfeld, nur mich, den Fremdling. Die Kirche schwieg.

Allerdings war ich mit der Bahn in diesen Traum gelangt, daran erinnerte ich mich. Umso mehr, als eine kleine Lokomotive den Zug geführt hatte und die Waggons alt waren, mit vorstehenden Trittbrettern, so war ich seit langem nicht mehr gereist. Sie weckten Erinnerungen. Ich saß auf dem Trittbrett und rauchte, wie in schon fernen Zeiten, und unter meinen Füßen zogen Ziegeldächer, Baumkronen und Höfe vorbei, sehr nahe, wie an der Moskauer Metrolinie nach Kunzewo. Manchmal brachen die Siedlungen ab und gaben unter sich die Sicht auf einen Fluss frei, »ziemlich trüb ist der« – die Kura. Dann blickte ich zur Seite, vorbei am Haltegriff, und zwischen den Waggons, über den schlackernden Puffern, sah ich den gleichförmigen Felsabsturz, an den der Zug sich schmiegte, während er sich voranḱämpfte. Daran erinnerte ich mich genau, doch jetzt, als ich durch das Gras um die Kirche ging, in dieser völligen, grauweißen Stille, die wie auf sehr altes Stummfilmmaterial gebannt war ... jetzt, aus diesem Traum, erschienen mir jener Zug und meine Herfahrt noch mehr als ein Traum, wie aus einem matten, halb vergessenen Schlaf.

Und überhaupt nicht mehr erinnerte ich mich, an welchen Gleichgültigkeiten mein Blick auf dem Weg vom Bahnhof zur Kirche vorbeigekommen war – alles weg. Irgendwas war ringsum offenbar gewesen, muss ja was gewesen sein ... Die Kirche war von einer Mauer umrundet, und als ich auf der Suche nach dem Eingang die Mauer entlangging, hatte ich die Kirche noch nicht gesehen oder sie nicht ganz gesehen, oder sie war unauffällig gewesen oder ich hatte nicht darauf ... Ich ging über abgewetzte Stufen und trat durch das kleine Törchen im Flügel des großen Tors. Das Baudenkmal hatte einen freien Tag, kein Mensch zu sehen, an der Kirchentür hing ein Schloss – ich aber war da.

Die Kirche war von einer Festungsmauer umrundet. (Umrundet ist nicht ganz exakt, denn der Hof war ein Viereck.) Und obwohl eine Mauer stets für das Außen bestimmt ist, wird sie doch vor allem nach außen hin gebaut, um zu beschirmen, nicht einzulassen – hier war die Mauer *nach innen hin* gebaut. Das ist der Unterschied zwischen Festung und Gefängnis: Eine Festungsmauer ist stets dem Feind zugewandt, im Gefängnis schauen die Mauern nach innen. Hier jedoch war noch ein Drittes, eine Klostermauer: Sie beschirmte den Blick. Nur ein einziger Baum durchbrach die Mauer, blickte von der anderen Seite, seine neugierige Krone hing herüber. Der Hof zwischen Mauer und Kirche aber war eine Wiese ohne einen einzigen Baum, überall wuchs Gras. Nur vom Tor in der Mauer bis zum Kirchentor führte ein Pfad aus großen Steinplatten, grau wie der Himmel dieses Tages, und zwischen ihnen spross ebenfalls Gras. Aus den Spalten zwischen den Mauersteinen wuchsen dürre Büsche. Jenseits der Mauer war gar nichts mehr, nur das gleichmäßige Nichtvorhandensein des heutigen Himmels. Bei anderem Wetter war womöglich Ferne zu sehen, Gebirge. Jetzt nur eine flache Grasinsel mit der Kirche in der Mitte, ein Ponton mit Steinkante, der im weißen Nichtvorhandensein von Himmel, Sonne und Schatten schwamm – im Schweigen.

Weiß, Weißgrau und Grünlich, drei ineinander übergehende, gleichermaßen fahle Farbnuancen, und jede in der anderen enthalten. Die Kirchenmauern, die mit gleichmäßigen, aber nicht gleichartigen Steinplatten bedeckt waren, eher weißen als grauen, genauso wie der Himmel, sie waren hier und da symmetrisch mit anderen Platten verziert, grünlichen, wie das Gras im Hof. Es schien, als könnte man diesen kaum glimmenden Farbunterschied wegblinzeln, und wo wäre dann der Himmel, wo die Kirche, wo die Erde in dieser schwebenden, körperlosen, umgrenzten Welt? Es müsste nur ein Schrei ertönen, und dieses Nebelgebäude aus Luft, Stein und Gras würde erzittern und davonfliegen und einen in öder Ödnis zurücklassen – so jedenfalls hatte es den Anschein.

Im Übrigen erweckte nichts einen Anschein – ich war weder vorbestimmt noch eingestimmt, meiner Verfassung nach nicht auf Beten eingestellt, nicht einmal gerührt gewesen, als ich hergekommen war. Doch unvergleichlich war dieses Nichtvorhandensein, das mich schon an der Schwelle befallen hatte. Weder die Außenwelt noch ich selbst konnten hier – nein, nicht betrachtet werden: Es gab sie nicht.

Schweigend schritt ich durch das stumme Gras um die schweigende Kirche. Ich war nicht bereit, sie wahrzunehmen, sie erinnerte mich an nichts. Sie unterschied sich von den glaubensstarken, »stiernackigen«, wie der Dichter sagt, armenischen Kirchen. Sie war nicht so klassisch vollendet und symmetrisch und behauptete sich nicht als der einzig wahre Gedanke, dem nicht auszuweichen ist, wenn man sich der Kirche nähert, der einen unterdrückt und in seiner Idee aufgehen lässt. Als ob diese Kirche nicht zum Glauben zwänge, sondern selbst einen sanfteren, scheueren, sogar unsicheren Glauben glaubte.

Sie war nicht endgültig in ihrer Idee, war nicht einmal beharrlich wie die armenischen Kirchen, sie war nicht bestimmt. Sie war rührend uneigennützig und schien keine Ansprüche zu stellen. Die Stimmung, die ihr Anblick hervorrief, war hochgemut, doch nicht erhaben. Ist der Mensch von falschem Pathos erschöpft, wird er wohl nicht sogleich Kräfte in sich entdecken, um echtes Pathos wahrzunehmen. Die Kirche war nicht symmetrisch, sie war auch nicht mit Absicht asymmetrisch, um sich von der Geschlossenheit ihrer Vorgänger abzuheben. Ihre Asymmetrie war langsam aufgelaufen, während ich um sie herumging, und kam nur darin zum Ausdruck, dass sie die Psyche nicht unterdrückte, dass sie Mitgefühl zeigte für mich und meine Unvollkommenheit – eigentlich hatte ich gar nicht bemerkt, was die austarierten Proportionen vor allem störte ... bloß hatte sich, als ich den Kreis vollendet hatte, ihr Bild, statt sich zu behaupten und einzuprägen, gleichmäßig entfernt und gleichsam verflüchtigt, und ich merkte erst gar nicht, dass ich die Kirche erneut zu umrunden begann. Sie war gleichsam nicht vollendet, sogar wie nicht gekrönt, denn eine Kuppel ist ein unbedingt symmetrischer Teil – darum war die Kuppel gleichsam unmerklich errichtet, unaufdringlich, leicht, als ob das

Wichtigste an dieser Kirche die Wände wären. Ich mische mich im gegebenen Fall natürlich nicht in die Diskussion über Kuppeln ein – ebendiese Kirche war so, wie ich sie zu beschreiben versucht habe, ohne mit starken Worten etwas kaputt zu machen. Oder auch – damals war sie so, als ich auf sie schaute.

Ich war zur Wahrnehmung nicht bereit gewesen, hatte nichts erwartet, und die Kirche hatte mich auch an nichts erinnert. Aber alles zusammen: dieses Wetter, diese Farben, dieses Ausgeschaltetsein, diese Stummheit und Stille, das erinnerte mich deutlich an etwas einst Gesehenes oder Gefühltes, doch überhaupt nicht unter vergleichbaren Umständen, doch – was war es, und wann?

Irgendwo hatte ich solche Stummheit schon vernommen, irgendwo hatte ich solches Schweigen gesehen, irgendwo hatte ich solche Stille schon gehört ...

Die Erinnerung verfolgte mich – und das bedeutet, dass ich sie nicht ins Gedächtnis zurückrufen konnte.

KOTE JANDIERI

Die große Ulme

Damals hatten wir Anitschka schon nach Kametschaantkari gebracht. Ich bin immer noch der Meinung, dass wir sie nach dem Tod ihres Mannes zu uns bringen und nicht so lange allein hätten lassen sollen.

Das verdammte Haus in Tsalendschicha hätten wir auch verkaufen und das Geld zwischen Marina und Eteri aufteilen sollen. Auf mich hat keiner gehört, und es kam, wie es kommen musste. Weder wollte Anitschka das Haus verkaufen, noch Clara Patschkoria, die Schwester ihres Mannes Botschia. Diese Clara und ihr Mann, Ramas Zguridi, sind ganz schön klug. Schon beim ersten Schuss in Abchasien packten sie ihr Hab und Gut und zogen nach Moskau. Dort hat Ramas die griechische Gemeinde aufgesucht und die Sache so drehen können, dass die Alten mit ihrer unverheirateten Tochter heutzutage in Saloniki leben und sogar Sozialhilfe von der Regierung empfangen. Denk bloß! Diese Griechen sind ganz schön gewiefte Leute!

Der arme Botschia aber wurde umgebracht ... Wer das war? Der Krieg in Abchasien hielt schon seit zwei Jahren an. In ganz Megrelien [1] gab es Überfälle und Diebstähle, wie auch im übrigen Land, aber dort etwas häufiger. Die Leute wurden in ihren Wohnhäusern überfallen, und es gab weder genügend Mittel noch Nahrungsmittel. Die Alten wurden immerhin von ihren Kindern versorgt, mal mit Mehl, mal mit Zucker und dem wenigen, was sie auftreiben konnten. Botschia und seine zwei Nachbarn, Anzor Kaschemijakin und Karaman Tsotsoria, hatten einen kleinen ausrangierten Traktor aus der Sowjetzeit herüberretten können. Diesen versteckten sie vorsorglich, damit ihn niemand wegnehmen konnte. Sie hatten ihn selbst wiederhergerichtet und gestrichen.

Botschia war ein geschickter Handwerker. Es gab nichts, was er nicht reparieren konnte, vom Hauswasserwerk bis zur Wanduhr. Mit dem Traktor schleppten sie dicke Baumstämme aus dem Wald. Das halbe Dorf heizte damit die Öfen.

Auch an diesem Tag hatten sie bei der Polizeipatrouille eine Flasche Tschatscha[2] gegen fünf Liter Öl eingetauscht, damit sie das Holz aus dem Wald schleppen konnten. Wer würde schon einen viermal destillierten Brand zurückweisen?! Der alte BTR Transportpanzer stand sowieso funktionslos im Polizeihof herum. Die Polizei aber zeigte sich vor Angst kaum auf den Straßen. Sie saßen Tag und Nacht in ihrem Revier und waren am Saufen. Das Einzige, was sie beschäftigte, war der Gedanke, wie sie sich bei einem Überfall verteidigen konnten.

Botschia war also mit seinen Nachbarn in den Wald gegangen und hatte eine große Ulme gefällt. Die hängten sie an einen Traktor und wollten gerade gehen, als sich der Traktor nicht mehr starten ließ. Später erzählten sie, dass schlechter Diesel den Schlauch oder die Pumpe verstopft hätte. Ehe sie den Motor auseinandergenommen und gereinigt hatten, wurde es auch schon dunkel. Und das zu der Zeit, als Abchasien mitten im Krieg steckte! Eine ausweglose Lage. Gamsachurdias Leute hatten die Wege abgeschnitten und ließen keinen von hier über Megrelien durch, um dort unseren Leuten zu helfen. Wie das alles war, wisst ihr ja viel besser als ich ... Einige Tage zuvor war noch ein wichtiger Mann aus Tbilissi nach Tsalendschicha gekommen, um zu verhandeln. Sie hatten ihn kurzerhand entführt. Nun standen die Mchedrioni[3]-Truppen vor Tsalendschicha. An der einen Seite standen diese, an der anderen jene, und dazwischen war das Rodeland. Der Weg aus dem Wald führt aber direkt über den Neubruch in der Kampfzone! Die Mchedrioni-Truppen wollten erst abwarten, vielleicht würden sich diese Hornochsen von Gamsachurdia besinnen und den Mann ohne Blutvergießen gehen lassen. Es war also eine angespannte Lage, keiner wusste, wann es knallte. Davon ahnten natürlich die Holzfäller nichts. Um nicht mehr viel drum herum zu reden, es geschah Folgendes: Der Traktor mit dem Holzgespann tuckerte aus dem Wald und wurde von beiden Seiten mit Sturm- und Maschinengewehren beschossen. Sicher dachten sie, dass einer den Weg versperren wollte. Botschia und sein Freund Anzora starben auf der Stelle. Karaman Tsotsoria wurde dreimal operiert, einmal in Martwili und zweimal in Kutaissi. Der alte Mann war so gut wie gerettet, erlag zum Schluss aber dennoch den vielen Wunden und Narkosen.

1 Megrelien oder Samegtelo ist eine Provinz in Westgeorgien, die an Abchasien grenzt.

2 Georgischer Tresterbrand. Nach der Destillation hat Tschatscha einen Alkoholgehalt von 70 %. Er wird deshalb mit Wasser verdünnt.

3 Die Mchedrioni (dt. Reiter) waren eine paramilitärische Einheit in Georgien. Sie wurden 1989 gegründet und waren am Putsch im Dezember 1991 bis Januar 1992 gegen den ersten frei gewählten Präsidenten Georgiens, Swiad Gamsachurdia, beteiligt. Die Einheit wurde 1995 verboten.

ZURAB KARUMIDZE

Schöpferisches Gekritzel

In diesem Frühjahr begann Wascha-Pschawela mit der Arbeit an seinem Meisterwerk, einem Langgedicht namens *Der Schlangenesser*. Er war vierzig Jahre alt und lebte in Chargali, einem Dorf im Hochland, wo er sein »schöpferisches Gekritzel« verband mit Jagen, Unterrichten an der örtlichen Grundschule und Boxen. Viel Zeit verbrachte er auch damit, mit Pflanzen, Tieren und Steinen zu sprechen – die Kenntnis ihrer heiligen Sprachen hatte er zehn Jahre zuvor erworben, als er sich Milzbrand zuzog und sein Auge gegen den Honig der Poesie eintauschte. Das geschah im abgelegensten aller Bergdörfer, »lieblich anzuschauen, gleich dem Busen eines Weibes«, so hat er es später selbst genannt.

Der Schlangenesser sollte Wascha-Pschawelas eigene Erfahrungen als pardimemischer Schamane erzählen. Er wählte das Faustische Paradigma des »erhabenen Eingeweihten«, dessen Initiation zwölf Jahre dauerte, während derer er unter dämonischen Kreaturen leben und Schlangen mit ihnen essen musste, um so die Vielzahl der Sprachen nichtmenschlicher Wesen zu empfangen. Die Geschichte spielt zur Zeit der Königin Tamar – damit war die Verbindung zur Blüte der georgisch-pardimemischen Tradition wiederhergestellt.

Wascha-Pschawela schrieb in der kargen Sprache der Volkserzählungen des Hochlands, bediente sich einer verdichteten Syntax und einer abrupt-sprunghaften Erzählweise. Durch diese scheinbare Rohheit vermittelte er ein düsteres Bild der Isolation und Einsamkeit eines von transzendenten Welten bedrängten Geistes. Der Umstand, dass in seinen Schriften Pflanzen und Tiere sprechen, kann keinesfalls mit John Ruskins Begriff der »pathetic fallacy«, also einer Vermenschlichung der Natur, abgetan werden. Nein, jene »pathetic fallacy« ist ein künstlerisches Mittel, während wir an Wascha-Pschawela sehen, wie ein schamanischer Geist die außermenschliche Sprache in eine menschliche übersetzt: Es handelt sich hier um einen gewissenhaften hermeneutischen Versuch, die völlige Verständnislosigkeit, mit der Menschen der Natur gegenübertreten, zu überwinden; oder wie ein Mensch als *Daseiender* sich zum *Sein* verhält, wenn es sich offenbart.

In einer kurzen Ballade (*Der verwundete Tiger* aus dem Jahr 1890) erzählt Wascha-Pschawela von seiner Begegnung mit dem Mysterium des Ur-Leoparden. Ein Jäger, der hungrig durch den Wald streift, sucht nach Wild, das sich nie zeigt – eine verfluchte Jagd: Plötzlich gewahrt er einen Tiger, der mit einer blutenden Pfote am Fluss liegt und das Wasser rot färbt. Dieses völlig erschöpfte und verwundbare Wesen bittet den Jäger um den Tod, doch stattdessen heilt der Jäger die Wunde. Der Tiger läuft weg, und dann beginnt ein mysteriöses Phänomen: Jedes Tier, das der Jäger schießt, wird zu diesem Tiger, dem ubiquitären und polymorphen Lebensspender.

Pschawela konnte auch Inschriften in Wäldern, auf Wiesen und Berghängen finden und entziffern. Einmal verbrachte er Weihnachten mit ein paar Holzfällern. Als eine Kiefer gefällt wurde, sah er Tinte aus dem Stamm tropfen und Wörter auf den Schnee schreiben. In einer kindlichen Handschrift bat ein unsichtbares Wesen die Männer, von ihrer Habgier abzulassen und die Geschöpfe des Waldes, die durch ihre Hände starben, zu schonen.

Pschawela war von dem Bruch der Einheit des Ur-Leoparden geradezu besessen. Danach zerstörte die leomemische Beschäftigung mit Gesetz und Tradition den pardimemischen Individualismus mit seinen Fanatikern der Liebe und Meistern des *Laisser-faire*. In seinen bitteren epischen Gedichten *Aluda Ketelaouri* und *Gastgeber und Gast* versetzte er sich in die rebellischen Individualisten, die das Gesetz der Gemeinde aufbrachen und deshalb vernichtet wurden. Sie wurden nicht etwa vernichtet, weil sie in die alte Überheblichkeit verfallen wären – nein, es waren die leomemischen Herrscher der kuhmemischen Gemeinde, die sich als überheblich erwiesen in ihrer Entschlossenheit, die etablierten Gesetze und Regeln zu bewahren (wie etwa das Gebot, einem besiegten Feind die Hand abzuschneiden). So wird auch Mindia, der Schlangenesser, vernichtet, da er zur Ernährung seiner Familie kuhmemische Verpflichtungen eingegangen war und später als leomemischer Oberbefehlshaber während des Krieges seines Volkes gegen die Invasoren agierte. Diese Taten beraubten ihn der magischen Kräfte, die ihm zugewachsen waren, und brachten ihn aus Enttäuschung dazu, die schlimmste Sünde für einen Pardimemen zu begehen – Selbstmord. In den letzten Strophen des Gedichts, in denen Mindias Selbstmord geschildert wird, öffnet Pschawela gleichsam eigene Wunden, wenn es aus den Mündern der nichtmenschlichen Natur klingt:

> Der Mond ging auf
> hinter den Bergen,
> wo die Steinböcke sind,
> und starrte blass
> wie ein Klageweib
> hernieder auf ihn,
> der Hand an sich gelegt.
> Eine Brise flog hin und her,
> sorglos und leise singend,
> umflügelte die Spitze
> des bloßen Schwertes,
> des rot gefärbten
> vom Blut aus dem
> Herzen des Mannes,
> und tänzelte leicht
> über das Wiesengrün
> heiter säuselnd dahin.

In diesem Jahr, da er die ersten Strophen seines neuen Gedichtes skizzierte, betrachtete Wascha-Pschawela die Geburt des Frühlings – des ersten Frühlings im neugeborenen Jahrhundert. Er fastete viel und wanderte asketisch durch die Gegend. Seine vor Angst zitternde Frau sperrte er nachts mitsamt den Kindern in den Kuhstall, *wo die Kuhmemen hingehörten*, damit niemand seine geistigen Höhenflüge stören konnte. Und zu dieser Zeit hatte er die ersten klaren Eingebungen der pardimemischen Vorahnung.

Zuerst erblickte er einen verletzten Schelladler im Kampf gegen Krähen und Raben, der einen Flügel über den Boden schleifte und aus der Brust blutete. Da Raben selbst schamanische Vögel sind, war das ein deutliches Omen des kommenden Krieges zwischen den falschen Schamanen und den Pardimemen; er fühlte Unterdrückung, Exil und Exekution freier und kreativer Geister voraus; die einheitliche Farbe der attackierenden Vögel bedeutete den Angriff einer einheitlichen und summarischen Identität auf den Variationsreichtum der Differenz.

Als Nächstes sah Pschawela ein Rehkitz, das von einem Jäger ausgeweidet wurde, seine Hände und sein Messer troffen von Blut. Der Jäger zog dem armen Geschöpf die Haut ab, rieb sie mit Salz ein und hängte sie über einen Ast. Dort, auf dem Fell dieses Rehkitzes, las Pschawela Wörter, die sich aus winzigen weißen Punkten zusammensetzten: »Die Passion ist die Passage.«

Und dann sah er sich selbst, wie er mit einem hübschen Veilchen sprach und ihm erklärte, es würden Würmer kommen und es fressen; wenn das Veilchen etwa geglaubt haben sollte, das Leben sei das Tor zum Paradies, dann wäre es besser nicht in diese Welt gekommen und in der Erde versteckt geblieben; er bat die Erde, das Veilchen zu beschützen, es zu hegen und zu nähren, wie es ihr als Mutter zukäme.

Dann sah er Riesen bei einem Hochzeitsfest, die gekochtes Menschenfleisch aßen und ihn aufforderten, es ihnen gleichzutun … er weinte und sah eine weibliche Brust in Flammen stehen, von einer blutenden abgehackten Hand gedrückt. Und dann sah er einen Panther mit funkelnden Sternen auf dem Rücken. Der sprach: »Geh in die Stadt der Ebene!«

Später fand ihn seine Frau in einem Sumpf liegend, wo er wie im Fieber vor sich hin sprach: »Die Kosmische Agape! Das Himmlische Fest der Liebe!«

Es dauerte sieben Wochen, bis Wascha-Pschawela wieder gesund und bei Kräften war. Eines herrlichen Maimorgens erhob er sich aus dem Bett, grinste seine Frau aus eben erwachten Zügen an, stopfte ein paar Manuskripte in seine Satteltasche, stieg aufs Pferd und ritt direkt nach Tbilissi.

AMIRAN NINUA

Die Legende vom Dudelsack

Die Geschichte, die ich Ihnen erzählen möchte, habe ich im uralten Ratscha[1]-Dorf Glola gehört, wo die alte georgische Sprache, die Sitten und Bräuche bis heute erhalten geblieben sind.

Eines Tages wurde im Dorf das Gerücht verbreitet, nach Ratscha sei der berühmte Dudelsackbläser Sakaria Eradse gekommen und würde heute Nacht auf dem Nachschoba-Platz spielen.

Auch mich interessierte es sehr, ihn zu sehen. Vieles hatte ich über diesen Virtuosen des Dudelsacks gehört. Ungeduldig wartete ich auf den Einbruch der Nacht und die Nachschoba. »Du hast doch schon mal von Paracheti gehört?«, fragte mich der Gastgeber. »Bei uns nennt man dieses Dorf die Heimat des Dudelsacks. Es ist eines der schönsten Dörfer im Oberen Ratscha. Bevor man Oni erreicht, breitet es sich, vom Rioni aus gesehen, links unten auf einem Hang aus …«

Es gibt eine Legende über die Herkunft dieses Dorfes. Seine Wurzeln sind in der fernen Vergangenheit verankert.

… In jener verdammten Zeit, die das Volk das »große Türkentum« genannt hat, flüchtete ganz Ratscha nach Paracheti, das für den Feind unzugänglich war. Die Flüchtenden trieben das Vieh dorthin, stopften das Dorf mit Schafställen voll. Deshalb wurde das Dorf auch Paracheti[2] genannt.

Die Männer bewachten Tag und Nacht ihre Herde und setzten sich in den langen Winternächten, um nicht einzuschlafen, um die Feuerstätte, spielten Dudelsack, dichteten und trugen Schairi[3] vor. So sollen sich in Paracheti die Dudelsackbläser vermehrt haben. Auch jetzt ist jeder hiesige Bauer ein improvisierender Dichter und Wettsänger. Unser Sakaria Eradse stammt ebenfalls aus diesem Dorf. Er ist der älteste unter den georgischen Dudelsackbläsern. Schon sein Vater soll ein bekannter Bläser gewesen sein. Der Volkssänger zog von Dorf zu Dorf und von Tür zu Tür, um für seine vielköpfige Sippe etwas zum Essen zu erwerben. Auch den kleinen Sakaria soll der Alte mitgeschleppt haben …

Noch viel Interessantes erzählte mir mein Gastgeber über Sakaria und Paracheti. Seine Erzählung verdoppelte meinen Wunsch, zum Nachschoba-Platz zu gehen.

Nachschoba nannte man im bergigen Ratscha die Zusammenkunft der Alten. Im Sommer versammelten sich abends die Bauern auf dem Dorfplatz unter einem alten Walnussbaum oder unter einer Linde an speziell in Reihe gelegten Steinbrocken oder Baumstämmen und erzählten sich nacheinander dies und jenes.

So war es seit alters her. Früher soll in jedem Winkel Georgiens solch eine Nachschoba stattgefunden haben. Vielleicht in jener verfluchten Zeit, als unsere Vorfahren von zahlreichen Feinden umringt waren und jeden Augenblick deren Angriffe erwartet wurden. Nachschoba ersetzte in den Bergen die Versammlung. Wahrscheinlich wurden hier Verteidigungsfragen und Fragen des Seins oder Nichtseins des Dorfes gelöst. Aber leider wurde diese interessante Tradition unserer Vorfahren noch von niemandem erforscht und beschrieben.

Spät begannen die Bewohner von Glola die Nachschoba. Ihr kennt doch die Ruhe und Gemütlichkeit der Bewohner von Ratscha. Der von den Gärten und Weinbergen zurückgekehrte Bauer muss erst zu Abend essen, die Familie liebkosen (auch über die Liebkosungen der Ratscha-Bewohner wurde bisher nichts geschrieben), dann werden Familienangelegenheiten erledigt, und schließlich geht es zum Nachschoba-Platz, um die Neuigkeiten zu erfahren …

Der Platz war von Menschen überfüllt. Schon von weitem hörten wir bezaubernde Dudelsacktöne, die im Wind mal klar, mal schwach klangen. In der Mitte des Kreises, auf einem besonderen Ehrenbaumstamm, saß ein gütiger Alter, der einem Weihnachtsmann ähnelte. Er hielt einen Dudelsack in der Hand. Auf einer Flöte, die einem erhobenen Hals glich, bewegte er vorsichtig die großen Finger, und von den Lippen flossen Worte wie Honig.

»Jetzt spiel etwas über das Neujahr, Sakaria; erfreu uns mit Geschichten über eine reiche Ernte.« Mal dies, mal das vernahm man von verschiedenen Seiten, und aus dem Mund des Spielers flossen wunderschöne Melodien wie aus einer Quelle. Es waren Töne, die einen erbeben lassen und die sich an den vom Mondlicht bestrahlten Berghängen und -schluchten von Glola sanft ausbreiteten.

Plötzlich verstummte der Dudelsack. Der Alte legte den Sack vorsichtig zur Seite und öffnete den Knoten eines am Gürtel befestigten Lederbeutels, holte eine langhalsige Pfeife und den wie ein Strick gezwirnten Tabak heraus, hob ein Taschenmesser auf, klappte es auf, kratzte in der Pfeife, klopfte sie auf der Handfläche aus, stopfte sie und steckte sie in den Mund. Nun nahm er Feuerstein, Feuerstahl und Zunder aus dem Beutel heraus, rieb Feuerstahl lediglich einmal auf dem Stein, und im Kreis duftete es nach Zunder. Der Duft des Zunders erinnerte mich unwillkürlich an meinen Großvater Chutuia; auch er trug einen solchen Beutel, Feuerstein und Feuerstahl. Den besten Zunder im Dorf fertigte er. Dafür wählte er sorgfältig auf alten Sharon- und Kastanienbäumen gewachsene Pilze aus. Erst kochte er sie in Aschewasser, dann trocknete er sie und schlug sie mit einem eisernen Riegel. Je mehr du zuschlägst, umso weicher wird der Zunder und leichter zum Anzünden. »Feuerstahl und Zunder, Enkelchen, musst du wie einen Uhrmechanismus so aufeinander einstimmen, dass es gleich beim ersten Reiben flammt«, sagte er immer. »Das war wirklich so. Er rieb nur einmal, und es roch üppig nach Zunder in der Luft.«

Seitdem waren fast vierzig Jahre vergangen. Ich bin ergraut, aber auch heute, im Zeitalter der technischen Wunder, bereitet mir der Geruch des Zunders ein riesiges Vergnügen, erweckt er in mir tausend verschiedene ferne, angenehme Erinnerungen. So ist es scheinbar beim Menschen, was er in der Kindheit erlebt hat, verfolgt ihn bis ins Grab.

1 Gebiet von Georgien
2 Schafstall
3 Sechzehnhebige Verse in Vierzeilern

GURAM RTSCHEULISCHWILI

Das Alawerdi-Fest

Die Ende September in Alawerdi stattfindenden traditionellen christlichen Feste sind mit der Einbringung der Ernte verknüpft, deshalb tragen sie einen besonders internationalen Charakter. Zu diesen Festen kommen, um die Nacht zu durchwachen, Didoer, Tuschen, Daghestaner, Zowa-Tuschen, gelegentlich Tschetschenen, Kisten in großer Zahl, die gesamte Bevölkerung Kachetiens, wer bis an dieses Ende gelangen kann, und die Bauern von Qaradshala. Auf unvorstellbar schmalen Ochsenkarren, bis zum Rand mit Kindern gefüllt, suchen sie sich Plätze am Ende der Umfriedung. An gleicher Stelle trinken sie, essen und kehren nach durchwachter Nacht still in ihre Häuser zurück. Dafür streifen angeheiterte Didoer mit riesigen Fellmützen streitsüchtig zwischen den Karren umher.

Die ganze Nacht über beten sie, singen und trinken. Die zurückbleibenden Gläubigen und Ungläubigen singen durcheinander ... Nachts herrscht noch etwas Familiäres. Dann schirren die, die die Nacht durchwacht haben, die Bauern, die ehrliche Arbeit achten, die Tiere vor die überdachten Karren und verlassen vor Sonnenaufgang die Gegend des Doms.

Am Ort des Zechens bleiben die Festzelte und ohne Sinn, ohne Familie, ohne Interesse dagebliebenes angetrunkenes Volk. Alles bewegt sich durcheinander. Man trinkt zusammen, geht auseinander, kommt wieder zusammen. Beim Anblick ihrer betrunkenen Herren schnauben die in Erregung geratenen Pferde. »Schenk ihm den Morgenschnaps ein, den Morgenschnaps«, tönt es von allen Seiten.

Die Sonne geht auf, unmerklich verliert die Nacht ihre Farbe; der Morgen bricht an, üppig, heiß; überquellend reich für die Trauben, ein echter kachetischer Tag, an dem die Sonne der Erde mitten ins Herz brennt, selbst die letzte Spur von Tau aufsaugt und die Erde vom Dunst zu Staub verdampft.

In seltsamen Erscheinungen streifen innerhalb und außerhalb der Umfriedung Betrunkene und Angetrunkene umher, die Modegecken vom kachetischen Dorf mit niedlichen kleinen Sportmützen, weitbeinigen Hosen und vom Tanzen zerrissenen Schuhen. Herausfordernd blicken sie auf die Schatten in den riesigen Fellmänteln.

Auf den Straßen in alle vier Richtungen bewegen sich die überdachten Ochsenkarren, voll von redlichen, arbeitsamen Bauern. Sie fahren von der nächtlichen Andacht zu ihren Häusern zurück. Nur die Müßiggänger, diejenigen, die aus Geschäftsgründen hiergeblieben sind, und die, die noch nicht aus ihrer Rolle geschlüpft sind, können sich nicht vom Feiern lösen.

Spekulanten, die aus den Nachbardörfern gekommen sind, um Wein zu verkaufen, machen einen guten Schnitt, in großer Zahl schmelzen in der Sonne rote, auf Stöcke gespießte Hähne, Bonbons in Fransenpapier, aufgeheizte Limonade und die verschiedensten Waren. Ununterbrochen, sinnlos dudeln Trommel und Surna und versuchen vergeblich, alle herbeizuholen. Man säuft ohne Musik, man unterhält sich stammelnd halb tatarisch und halb georgisch, man bringt Trinksprüche aus, man flucht. Und als das Zechen gerade enden, ausklingen soll, stößt ein neuer Schub von Händlern und Chauffeuren zu denen, die die Nacht durchzecht haben. Mit erneuter Kraft spielen Trommel und Harmonika, Surna und Tschianuri. Einige Gruppen Seite an Seite stehender Musikanten lassen die Neuankömmlinge unermüdlich tanzen. Sie gehen in die Umfriedung hinein, spielen dahinter, und einige, die es nach mehr gelüstet, drängen sogar in die Kirche hinein. Es tauchen Mädchen auf, die halb vom Land sind und noch keinen Mann aus der Nähe gesehen haben; hier aber versuchen sie, um Anschluss zu finden, sich jemandem als unnahbare, doch angenehm kokette Frauen zu zeigen. Völlige Disharmonie ist zwischen dem Tanz der Burschen und Mädchen, die sich zu vereinen scheinen und die dann der Wein oder die brütende Hitze wieder trennt. Dafür steigert sich aus Sinnlosigkeit noch die Trance des Tanzes und erreicht ihren Höhepunkt. Diejenigen, die die Nacht durchzecht haben, setzen das Trinken fort und starren lustlos und unaufmerksam auf die neu hinzugekommenen Tänzer. Es tanzen die Händler und Fahrer, die Dorfgecken. Abgesondert auf einer Seite, der Umfriedung zugewandt, sind überdachte und unüberdachte Zechplätze aufgebaut worden mit brennendem Feuer in der Mitte und beladen mit Chinkali, Hammelfleisch, Köpfen und Füßen von Rindern, mit einfach gebranntem Alala und doppelt gebranntem Tschatscha, mit geleerten und vollen Weinschläuchen, deren seltsam organische Ergänzung die warm gekleideten Christen und Mohammedaner aus den Bergen, die Leute in den Pelzen und Übermänteln, darstellen. Parallel zu diesem einen Kilometer lang ausgebreiteten Stillleben, auf der anderen Seite des staubweichen Weges, der gerade zwei, drei Meter breit ist, ist jenes selbstvergessene Treiben mit Trommeln und Surna im Gange.

[...]

Der kennt Kachetien nicht, der nicht von der Höhe des Ziwgombori das aus der Alasani-Aue emporstrebende Alawerdi gesehen hat. Der hat nicht die Heftigkeit der ungezügelten kachetischen Leidenschaft erfahren, der nicht selbst auf die Spitze von Alawerdi hinaufgestürmt ist und von der Kuppel die aneinandergereihten und bis zur Unendlichkeit entfalteten Dörfer gesehen hat, üppig und reich, eingebettet in endlose Rebenalleen.

In diesem ganzen riesigen Tal gibt es keine einzige Spanne Land, gibt es keinen einzigen Punkt, wo der Mensch nicht von der Vergangenheit bis heute mit seiner Arbeit materiell und geistig etwas Mächtiges und Würdiges geschaffen hätte. Wie eine am Waldrand vernehmbare, unbeschreibliche, vereint anbrandende Sinfonie strömen alte Burgen, Kirchen, Turmpfeiler und die in jener Epoche gebauten Brücken samt den geradlinigen, genauestens geplanten Alwani-Dörfern vorüber. Aus dieser Planmäßigkeit kommt wie ein Licht unaufhaltsam etwas Neues, Lebensfähiges. Eine ihrer Exotik wegen unbekannte Kraft erfasst den Körper des auf der Kuppelspitze Stehenden: etwas Neues, unbegreiflich Gesetzmäßiges, verknüpft mit grandioser, wortloser Arbeit. Er denkt: Woher kommt diese Lebensfähigkeit, und antwortet: Sie ist in mir selbst, sie ist im Volk selbst, aber hier sind einige vom Weg abgekommen und fühlen nicht mehr die wahre Freude des Schöpfers, das Vergnügen an der Arbeit, denn die Stärke der Leidenschaft liegt im Bauen und nicht im Genuss des Erbauten.

Zu seinen Füßen steht Alawerdi, geschaffen von der großartigen Leidenschaft eines anderen, er selbst aber ... Auf der Kuppelspitze stehend, muss er lächeln, so sinnlos kommt es ihm vor, hier zu stehen. Er schaut hinab, und sein Lächeln wird zum Lachen. Unten hat sich das Volk schon zerstreut, und er steht ganz allein hier an dieser gefährlichen Stelle. In den Alwani-Dörfern leuchten gleichmäßig die Lichter auf, und ihn erinnert nur der ohne Zügel daliegende Kadaver des Pferdes an sein unwillkürliches, unsinniges, unbedachtes und fruchtloses Verlangen.

Die Lichter aber mehren sich ständig, und in seltsamer Harmonie verschmelzen sie mit dem schweigenden Alasani-Tal, dem er zu Fuß nach Alwani folgt.

NAVID KERMANI

Fünfunddreißigster Tag

»Istanbul 1 715 km« steht an der Autobahn, die Tiflis mit der westlichen Landeshälfte verbindet. Anfangs verläuft sie hart an der Grenze zu Südossetien, besser gesagt an der Linie, bis zu der russische Truppen 2008 vorgerückt sind. In keinem der Staaten, die nach dem Zusammenbruch der Sowjetunion unabhängig wurden, deckte sich die Bevölkerung nahtlos mit der neuen Nation. In Georgien etwa leben außer Georgiern noch Abchasen, Osseten, Russen, immerhin 6,5 Prozent Aserbaidschaner, 5,7 Prozent Armenier, dazu Adscharier, Mingrelier, Swanen, Kisten, Emeretier, Juden, Jesiden, Mescheten, Griechen, Tschetschenen und so weiter – mindestens sechsundzwanzig Volksgruppen auf einem Gebiet von der Größe Bayerns mit zumeist eigenen Sprachen und unterschiedlichen Religionen. Sie alle fanden sich 1991 in einem Staat wieder, der nach einem einzelnen Volk benannt ist, auf der Fahne fünffach das Symbol einer einzelnen Kirche trägt. Manche Minderheiten hatten in der Sowjetunion so viel gelitten, dass die Freude über deren Untergang überwog. Abchasen und Osseten hingegen waren schon in der Zarenzeit so weit russifiziert, dass sie mehr mit dem fernen Moskau als mit dem nahen Tbilissi verband. Und weil Anfang der neunziger Jahre auch der russische Nationalismus aufbrandete, für den alle zu Russland gehören, die russisch sprechen, brachen gleichzeitig zwei Kriege aus, die das viel kleinere, kaum gefestigte Georgien nur verlieren konnte. Ein Fünftel des Landes gehört seither praktisch zu Russland. Der Versuch Micheil Saakaschwilis, wenigstens Südossetien wiederzugewinnen, endete 2008 binnen Tagen damit, dass russische Truppen bis fast an die Autobahn vorrückten. Aus dem Fenster sehen wir die Siedlungen der Binnenflüchtlinge, billige

Fertighäuser senkrecht und waagerecht nebeneinandergereiht auf dem freien Feld. Ihre Dörfer haben die Separatisten längst dem Erdboden gleichgemacht. Georgiens neue Regierung, die um ein gutes Verhältnis zu Russland bemüht ist, weckt lieber keine Hoffnung auf Rückkehr. Und Saakaschwili selbst ist auch kein Hoffnungsträger mehr: inzwischen auch als Gouverneur von Odessa zurückgetreten und nach seiner Flucht aus Georgien aus der Ukraine ebenfalls geflohen. Immerhin lauern auf der Autobahn keine uniformierten Wegelagerer; die Korruption hat der Anführer der Rosenrevolution erfolgreicher bekämpft als den äußeren Feind.

Nach einer knappen Stunde erreichen wir Gori, wo 2008 die meisten russischen Bomben herabfielen, obwohl in der Stadt niemand anderes als Iosif Jugashvili geboren wurde, der als Josef Stalin für die alte Größe der Sowjetunion steht. Erst 2010 trauten sich die Behörden, seine Statue vom zentralen Platz zu entfernen, und das auch nur in einer Nacht-und-Nebel-Aktion, geschützt von der Polizei. Sein Geburtshaus, auf das die zentrale Verkehrsachse zuläuft (das Zentrum Goris wurde nach Stalins Tod eigens dafür verlegt), wagte noch niemand anzurühren. Um die einfache Hütte herum hat die Sowjetunion einen griechisch anmutenden Tempel gebaut, als hätte darin ein Halbgott das Licht dieser Welt erblickt. Das imposante Museum, das während unseres Besuches mit Jugendgruppen gefüllt ist, stellt Saal für Saal die Devotionalien Stalins aus, auch die Jubelgemälde und Marmorbüsten, die Huldigungen der Dichter, Station für Station sein Lebensweg wie eine dreidimensionale Hagiographie. Man kann sich außerdem in den Waggon setzen, in dem der Diktator durch sein Riesenreich fuhr, kann das Bad öffnen, in dem er sich wusch, kann in die kleine Küche blicken, in der auf den Fahrten gekocht wurde. Sonderlich luxuriös reiste Josef Stalin nicht.

45 Prozent der Georgier haben ein positives Bild von Stalin, so hat eine Umfrage ergeben, weit mehr als in

Russland. Dennoch versichert Lasha Bakradze, der mich heute begleitet, dass sich nur wenige Georgier die Sowjetunion zurückwünschten und der Stolz auf Stalin mehr dem Georgier als dem Sowjetführer gelte. Das klingt widersinnig, das weiß der Leiter des Literaturmuseums selbst, denn erst Stalin hat – vielleicht weil er beweisen wollte, dass er an keiner Heimat, keiner Muttersprache hängt – die Sprache russifiziert und wie andere nationale Kulturen auch das Georgische unterdrückt. Aber Lasha erinnert an die Massenkundgebungen von 1956 nach dem zwanzigsten Parteitag, auf dem Nikita Chruschtschow mit der Politik seines Vorgängers abgerechnet hatte. Was als Protest gegen die Reform der Sowjetunion begann, verwandelte sich innerhalb von Tagen in den Ruf nach der Unabhängigkeit Georgiens. Als die Demonstranten versuchten, in die Radiostation und das Telegrafenamt einzudringen, eröffnete die Rote Armee das Feuer. Mindestens achtzig, anderen Quellen zufolge hundertfünfzig oder achthundert Menschen starben für – ja, wofür eigentlich? Zugleich für Stalins Sowjetunion und für Georgiens Unabhängigkeit.

Im Museum wird die nationalistische Heldenverehrung natürlich nicht erwähnt und Stalin ausschließlich als Führer der Sowjetunion gefeiert, der aus dem Agrarland eine führende Industrienation geschaffen und den deutschen Faschismus besiegt hat, als junger Draufgänger, volksnaher Genosse, geachteter Staatsmann, Kinderfreund und Liebhaber der Literatur. Neu gestaltet sind lediglich zwei winzige Kammern im Untergeschoss, in denen allgemein daran erinnert wird, dass es auch Opfer gegeben hat – ohne Namen, Zahlen, weitere Erklärungen. In einer Broschüre, die kostenlos ausliegt, sind Würdigungen Stalins von Persönlichkeiten der Weltgeschichte zusammengestellt, Roosevelt, de Gaulle, Churchill, Hitler, Picasso. »Die alten Philosophen«, heißt es auf der letzten Seite, »beendeten ihre Arbeiten mit den Worten: Ich tat, was ich konnte. Wenn Ihr könnt, macht es besser.«

GRIGOL TSCHIKOWANI

Die Heimkehr

Es war, als würden sie hier, in Kolchida,[1] strahlender funkeln und wärmer flimmern als anderswo, es schien nicht nur, nein, in Gwatschis Augen waren sie den Sternen keines anderen Landes vergleichbar. Auch dieser Wald, der in unnahbares, undurchdringliches Dunkel gehüllt war, von unerforschlichen und stolzen Geheimnissen erfüllt und von den Dünsten des Sumpfes betäubt, auch ihn empfand er als berauschend, als etwas nah Verwandtes. Alles, die Sterne, der Wald, der grüne Sumpf und das silbern schimmernde Schilf, alles war von feiertäglicher Stimmung erfüllt, weil unter diesen Sternen, jenseits des Waldes, sein Heimatdorf lag und am Abhang das kleine alte Haus stand, in welchem seine Mutter lebte, in schwarzem Kopftuch und schwarzem Kleid, von Trauer erfüllt, mit Augen voller Liebe und einem Herzen, das stets auf ihn wartete, für ihn bangte, für ihn hoffte.

»Mutter! ...«

Dies Wort kam so leise von Gwatschis Lippen, dass es sogleich im Rädergerassel unterging. Oder vielleicht hatte es der Wind seinem Munde entrissen, derselbe Wind, der nun auf der Veranda des mütterlichen Hauses in den Blättern der Weinreben raschelte, sich in den Ritzen der Hauswände verfing und der am Herde sitzenden, in Gedanken beim Sohne weilenden Mutter dessen Stimme in Erinnerung rief.

»Mutter! ...«

Ein gellender Pfiff der Lokomotive. Gwatschi stand auf, aber der Zug hielt nicht bei dem kleinen Bahnhof an. Die Lokomotive pfiff wieder, diesmal noch durchdringender, und eilte in den Wald hinein.

Leise bewegte sich der endlose Sumpf neben dem Damm. Der weiße Dampf der Lokomotive verfing sich in den Wipfeln der zwischen dem Schilf kauernden untersetzten Erlen, es sah aus, als lägen sie auf den Knien, dann sank er herab, breitete sich aus dicht über dem Sumpf und erlosch in dessen dunklem Grün.

Nun erst entsann sich Gwatschi, dass der Schnellzug bei den kleinen Stationen gar nicht anhalten werde. Bis zum nächsten Bahnhof würden es zehn Kilometer sein, und diese Strecke müsste er dann zu Fuß zurückgehen.

Er nahm den Tornister ab, hielt ihn mit der einen Hand, beugte den Körper weit vor, verließ mit dem rechten Bein das Trittbrett und sprang ab. Er stürzte auf die Knie, und rasselnd und polternd flogen die Wagen an ihm vorüber. Gwatschi schüttelte den Sand von den Knien, und wie er den Bahndamm hinaufging, war der Zug bereits weit weg. Das Rollen der Räder war kaum mehr zu hören, dann erstarb es völlig, und nur das kleine rote Licht am letzten Wagen flimmerte noch schwach, bis es an einer Biegung verschwand.

Gwatschi war nun ganz allein.

Schnell wandte er sich um und ging den Bahndamm zurück. Aber kaum hatte er einige Schritte getan, als ihn seine Schulter zu schmerzen begann. Er fuhr mit der Hand unter die Jacke und berührte den Verband auf der Wunde. Es war, als hätte sein Schulterblatt Feuer gefangen und wäre entbrannt. Es wurde ihm schwindlig, ein seltsam angenehmes Schwächegefühl ergoss sich durch seinen ganzen Körper, und die Knie versagten unter ihm. Die Bäume, die Berge, der Sumpf, der Wald, alles ringsum tanzte und drehte sich um ihn. Er schloss die Augen, und aus Angst, er könne hinfallen, setzte er sich auf die Schienen nieder.

Die Stille der Nacht wurde nur vom Quaken der Frösche und dem dumpfen Glucksen des Sumpfes unterbrochen. Dann aber begann der Wald zu rauschen. Ein heftiger Windstoß lief über die Wipfel der Bäume, fuhr den Bahndamm entlang, fegte den Sand hinweg, warf ihn knisternd in die Luft und Gwatschi ins Gesicht.

Er saß am Rande des Sumpfes und schaute zu, wie der Wirbelwind den Sand auf dessen Oberfläche niederprasseln ließ und das Wasser in gischtenden Wellen hochwarf. Und dessen nicht genug, stürzte der Wind von der anderen Seite hernieder, jagte das Sumpfwasser wie eine grüne Säule in die Höhe, zerstäubte es, dass es einem Baum mit hängenden Ästen glich, riss dies Gebilde plötzlich aus und jagte damit in Richtung der Berge.

Als hätte er dies Schauspiel mit ansehen wollen, ging gerade der Mond auf. Seine hellen Strahlen ließen die bläulichen Berge in ihrer ganzen Schönheit erscheinen.

Gwatschi stand auf, tat aber keinen Schritt. Er stand und fühlte, wie sich das Blut in seinen Adern regte, wie seine Knie wieder erstarkten. Die Bäume wankten nicht mehr, weder Wälder noch Berge drehten sich mehr um ihn, und allmählich trat ihm ringsum alles klar und deutlich vor Augen. Bernsteinfarbene Wolken zogen in Scharen vom Meere nach den Bergen hinüber.

Der junge Mann fühlte sich wieder stark und hätte selbst laufen können, aber bezaubert von der Schönheit der Natur, blieb er regungslos stehen. Rings herrschte Stille, sanft und zärtlich spielten die Wellen des Wassers, und geheimnisvoll war der Wald verstummt. Noch nie hatte Gwatschi die heimatlichen Berge so majestätisch gesehen, noch nie so erhebend empfunden.

Die Mutter schien ihm nun ganz in der Nähe zu sein, ihm war, als vernehme er ihr Gebet, als fühle er ihren Herzschlag. So pochte ihr Herz, als sie ihn auf dem Weg zur Front an den Bahnhof begleitete. Klein und schwach, wie eine schmale Kerze, mit völlig erblasstem Gesicht, stand sie auf dem Bahnsteig und schaute ängstlich auf den Sohn mit Augen voller Tränen. Wie werden nun bald diese Augen vor Freude erstrahlen ...

Es war die Zeit des Nachtessens, als er das Dorf betrat. Irgendwo bellte ein Hund, ganz in der Nähe knarrte eine Hoftür, jemand spaltete Holz, und Nachbarn riefen einander zu. Gwatschi erkannte sie an der Stimme.

Er beeilte sich, ungeheure Freude und Glückseligkeit erfassten sein Herz, beinahe hätte er gerufen, er sei eben angekommen, sei da, habe ihre Stimmen gehört, sehe sie.

Warum öffneten sich die Tore nicht? Warum kamen keine Nachbarn und Verwandten daher? Aber vielleicht war es besser, dass er, bevor er seine Mutter gesehen, niemanden antraf und zu niemandem hineinging.

Am Ufer des kleinen Baches blieb er bei Beglar Narmanias Haus stehen. Das kleine strohbedeckte Holzhaus, das nur zwei Zimmer hatte, glich einem Märchenvogel, der sich unter dem schattenspendenden Geäst eines riesengroßen Nussbaums eingekuschelt hatte. Der über dem Dach aufsteigende Rauch des Herdfeuers hing in Fetzen zwischen den Zweigen des Baumes.

Aus dem Haus erklangen die Töne einer Gitarre. Beglars Tochter, Puza, spielte und sang ein ihm altvertrautes Lied.

Gwatschi und Beglars Sohn, Chuta, waren zusammen in den Krieg gezogen. Sie waren gemeinsam herangewachsen, gemeinsam zur Arbeit gegangen, hatten Freude und Leid getragen. Die Schulen beendeten sie gleichzeitig, im Krieg befanden sie sich im gleichen Kampfabschnitt, und zwei Jahre lang kämpften sie Seite an Seite. Während eines Angriffes wurde Chuta am Kopf verletzt. Bis zum letzten Augenblick bewahrte er sein Bewusstsein, machte sich Sorgen um Mutter und Vater. »So sterbe ich nun und werde Vaters Traum nicht mehr erfüllen können. Vater sagte stets: ›Mein Gott, lass mich nicht in dieser Strohhütte sterben!‹ Kaum hatte ich zu arbeiten begonnen, fing ich an, heimlich Geld zur Seite zu legen, um den Eltern ein Haus zu bauen ... nun, das Haus werden sie trotzdem haben, zur Erinnerung an mich.«

1 Landschaft in Georgien, das »Kolchis« der Antike, wo Medea lebte und Jason das Goldene Vlies raubte

TONINO GUERRA
Lauer Regen

Das Gewitter, das uns in Zugidi überraschte, kündigte schon den Herbst an und ließ die Nüsse über den Asphalt des Prospekt Rustaweli rollen. Wir beschließen, an die noch sonnenwarmen Schwarzmeerstrände aufzubrechen. Wir machen halt an der Strandpromenade von Suchumi. Kleine Wolken, regenschwer, ziehen am windstillen Himmel vorüber. Wahrscheinlich trieben Luftströme in der Höhe sie vor sich her. Der kleine Kieselstrand vor uns bedeckt von Hunderten nebeneinanderstehender Parkbänke, einer Art hölzernem Gitter. Wir halten das Auto an und steigen aus, um zwischen diesen Hölzern, die an das riesige Oberdeck eines Schiffes erinnerten, umherzugehen. Wie eine magische Erscheinung taucht ein junger Mann auf. Zunächst ein kaum wahrnehmbarer dunkler Schatten im Gegenlicht, ein vom Licht aufgezehrter Schatten, der auch eine zwischen den Bänken umherziehende matte Staubwolke hätte sein können. Dann in Abständen als Gestalt zu erkennen, Gesicht, Körper. Er ging gemächlich, mühelos durch die engen Zwischenräume der Bänke. Lächelnd stand er plötzlich vor uns, hockte sich auf den Boden, faltete seinen Oberkörper zusammen. Lila T-Shirt und Bluejeans lokaler Fabrikation, weit an den Schenkeln, eng anliegend an den Fesseln, die nackt und braungebrannt darunter hervorkamen. Agadschanian dreht sich zum Meer hin, verweigert sich dem Glücksgefühl dieser Begegnung, die vielleicht ein Trugbild war. Später, als er den Jungen befragte, sammelte er Kiesel vom Strand auf und ordnete sie zu ansprechenden, geschmackvollen Mustern auf den Holzlatten der Bänke vor ihm. David, so hieß der junge Mann, war der Wächter über die Bänke. Gerade zu Ende der Badesaison gab es Leute, die aus ihnen Kleinholz machen, um damit zu heizen oder die ersten Kastanien zu rösten. Um den Jungen, den Agadschanians neugierige Blicke schon irritieren, nicht weiter zu stören, setzen wir uns ein wenig abseits und unterhalten uns. Als wir zurückkehren, liegt er schlafend auf einer der vielen alten Bänke. Ich lasse Agadschanian allein, er steht schweigend auf seiner Bank am Wasser. Die Sonne ging unter, und Agadschanians Schatten legte sich ganz langsam über den Körper des Jungen.

In der Zwischenzeit sind die Wolken nach Norden gezogen, und wir nehmen unsere Verfolgungsjagd wieder auf. Die Küstenstraße ist beschattet von großen Eukalyptusbäumen, die mit ihrem enormen Wasserbedarf die letzten Sumpfgebiete austrocknen. Dann sind wir in Lizava, dem der Glanz der Badesaison schon abhandengekommen ist. Dünnflüssige Exkremente von Schweinen, die strohigen Fladen der Kühe, die am breiten Strand umherirren, am Horizont eine ins Meer abfallende Hügelkette. Wenige, vereinzelte Menschen in der Sonne, in Unterwäsche wie auf Fotografien aus dem achtzehnten Jahrhundert, mit nacktem Oberkörper auf den Steinen liegend oder zusammengerollt im Schatten von über Stöcken aufgespannten Hemden. Haufenweise Schalen von Wassermelonen, Scherben, Papier, zersplitterte Hölzer und mittendrin die öffentliche Toilette, in einer Wolke von Gestank und Fliegen. Der Straße zu ein Maschendrahtzaun, gegen den die dummen Ziegen ihre Köpfe stoßen, davor Baracken, in denen Aserbaidschaner mit goldüberkronten Zähnen Knoblauch kauen. Hinter der Halle, in der Fische eingedost werden, die mit einem Metallgitter eingezäunte städtische Grünanlage mit ihren vier angerosteten Schaukeln, die Alten und Kindern ein bescheidenes Vergnügen bieten. Ein Windstoß weht die Meeresgeräusche über den Strand, wo sie von den Ritzen zwischen den Kieseln verschluckt werden. Mir ist, als entdecke ich nicht Orte, die ich nicht kannte, sondern besichtige die Zeit. Ich finde mich in einem Klima wie um 1910 wieder. Ebendeshalb ist mir, als sei ich schon mal hier gewesen. Eine Zeit, auch eine, die man selbst nicht gelebt hat, lernt man besser kennen an einem nie vorher gesehenen Strand. Im Pinienhain stehen prächtige Datschen georgischer Schriftsteller neben verlassenen, windschiefen Holzhütten. Vor den mauerhohen Hecken der komfortablen Datscha der Zentralregierung ein wackliges Gittertor. An ihren fast immer menschenleeren Privatstrand flüchten sich die Möwen vor dem Lärm des Ferienvolkes. Mitten zwischen diesen Möwen landete der Hubschrauber, der Chruschtschow am Tage seiner Amtsenthebung abholte.

KONSTANTIN GEORGIJEWITSCH PAUSTOWSKI

Batumi

In Batum gab es eine Menge Duchane und Cafés.

Ihre Glastüren waren immer halb aus den Angeln. Bei jedem Stoß klirrten sie und klangen eine Weile nach.

Das ständige Klirren der Türen vermischte sich mit dem Klingen von Kupferblech. Abgezehrte Kupferschmiede mit eingefallenen Augen trieben aus diesem Blech kleine türkische Kaffeekannen, an die sie lange, ebenfalls kupferne Griffe nieteten.

Gleich nebenan schlugen freche Zigeunermädchen, auf neuen Teppichen tanzend, die mitten auf den Fahrdämmen der engen Gassen ausgebreitet waren, alte Schellentrommeln und kreischten Lieder.

Die Neulinge erkannte man in Batum an einem untrüglichen Zeichen – sie gingen sorgfältig um die Teppiche herum, aus Angst, sie zu beschmutzen. Bald aber erfuhren sie, dass man die Teppiche gerade deshalb über die ganze Breite der Straße aufrollte, damit der Anschein der Neuheit und die grellen, noch nicht verblassten Farben möglichst rasch verschwänden. Danach begannen dann die Fremden nicht anders als die Batumer mit Genuss auf diesen Teppichen herumzustapfen.

Die vom Lärm des Basars gereizten Pferde schlugen aus und ließen ebenfalls ein Klingeln hören – um ihre Hälse hingen ganze Girlanden von Schellen.

Aber Batum bestand nicht nur aus Klängen. Es bestand aus vielerlei – zum Beispiel auch aus dem Dunst der Schaschliks ... Bevor wir jedoch zu diesen Dingen übergehen, wollen wir erst mit den Geräuschen zu einem Ende kommen.

Man wurde also in Batum, besonders auf dem türkischen Basar, dem Nuri, von einem Kaleidoskop von

Lauten betäubt – sie reichten vom Blöken stumpfsinniger Hammel bis zum verzweifelten Geschrei der Maisverkäufer: »Gagaruz, ganz heiß!« – vom schwermütigen Plärren des Muezzins auf der benachbarten Moschee bis zum Gepiepse der Hirtenpfeifen hinter den Fenstern der Duchane, aus denen auch das klägliche Singen angetrunkener Gäste drang.

Besonders schön anzuhören waren in Batum jedoch das Rauschen des Regens und das Heulen der Schiffssirenen.

Die winterlichen Batumer Regen sangen in den verschiedensten Tonlagen. Je heftiger es regnete, desto höher klang es in den Ablaufrinnen. Die Schiffssirenen dagegen waren meist einstimmig und klangen baritonal, besonders die der ausländischen Tanker mit ihren gelben Schornsteinen und Masten. Ich geriet in Batum in die Periode der Herbst- und Winterregen. Sie fielen fast ununterbrochen, verdunkelten das Licht und tauchten die Tage in eine warme, beinahe heiße Dämmerung. Aufheiterungen waren selten.

Erst nach einigen Jahren kam ich, diesmal im Sommer, wieder nach Batum (es nannte sich nun schon Batumi) und erblickte zum ersten Mal die ganze Pracht und Herrlichkeit der Batumer Vegetation und das wunderbare reine Blau seines Himmels.

Die Schiffe kamen, dann und wann aufheulend, in die malerischen Schlupfwinkel des Erdölhafens gekrochen, machten unmittelbar an den Duchanen, Lagerhäusern und Hütten fest und ragten mit ihrem Mast- und Tafelwerk bis über den lärmenden engen Kai. Es war, als sei ein Rudel riesiger eiserner Wale ans Ufer gespült worden.

Das Gelb der Schornsteine verband sich in meiner Vorstellung mit dem Sand der Arabischen oder Somaliwüste und mit dem Roten Meer, das diese Schiffe unweigerlich überqueren mussten.

Manchmal steuerten die »Ausländer« den Batumer Hafen mit einer gelben Flagge an der Gaffel an. Das bedeutete, das Schiff hatte auf dem Wege nach Batum Seehäfen angelaufen, in denen Cholera und Pocken, Pest und Dysenterie nie erloschen. Ein solches Schiff wurde an die Reede gebracht und unter Quarantäne gestellt; seine Laderäume räucherte man mit Schwefel aus.

Über die Gerüche kann gesagt werden, dass sich am meisten der Hammelfleischdunst durchsetzte. Das ist bedauerlich, weil andere Batumer Gerüche bedeutend angenehmer waren. Aber sie kamen nur selten gegen ihn auf.

Dieser Hammelfleischdunst, der scharf und ätzend war und in der Kehle kratzte, hatte nur ein Gutes – er erinnerte an die Batumer Schaschliks, wohl die besten im ganzen Kaukasus.

Man briet sie, auf stählerne Spieße gereiht, über Holzkohlenfeuern, bestreute sie mit saurem Berberitzenpulver oder mit Zimt, garnierte sie mit grünen Zwiebelstängeln und aß sie mit frischem Weizengebäck; dazu trank man Weißwein. Ich glaube, etwas so Schmackhaftes habe ich im ganzen Leben nicht wieder gegessen.

An zweiter Stelle kam der Geruch von frisch gemahlenem, gerade gekochtem Kaffee. Zum Mahlen benutzte man kupferne türkische Mühlen, die an kleine Geschosshülsen erinnerten. Außen waren diese Mühlen mit Prägemustern verziert. Gelegentlich stellten sie Szenen aus »Tausendundeiner Nacht« dar.

Die Mühlen verwandelten die Kaffeebohnen in feinstes Pulver.

Der Kaffeegeruch weckte sowohl die Vorstellung vom Orient als auch vom Westen in mir. Die Länder des Orients und die des Westens dufteten gleichermaßen nach Kaffee.

Dachte ich an das alte Europa, so konnte ich es vom heißen Kaffeedampf und all den Gerüchen, die den des Kaffees häufig begleiteten, einfach nicht trennen – dem Geruch von Dampferrauch, knusprigem Frühstücksbrot, Dill, welkenden Rosen und Tabak.

Ich sah Europa häufig im Halbschlaf des Morgens als ferne Küste vor mir. Über die mäßig hohen Wellen der rosa schäumenden Brandung blinzelten mich seine Städte mit ihren altersblinden Scheiben an.

Die Brandung wälzte sich donnernd über den Sand. Wasserstaub überzog das Laub von Platanen, und in der Kühle der Gärten tauchte, scheinbar bekannt und zugleich fremd, eine Stadt vor mir auf. Ich riet hin und her, welche es sein mochte – Ancona oder Civitavecchia, Bordeaux oder Rotterdam.

Batum war für mich, der ich mich zum ersten Mal an der äußersten, südlichsten Grenze Russlands befand, eine ungewöhnliche, exotische, typisch orientalische Stadt.

Batum roch nach Kaffee, nach Wein, nach Mandarinen. Und es dauerte zwei oder drei Monate, bis ich seine Exotik nicht mehr so stark und herb empfand und allmählich das wirkliche Leben der Stadt kennenlernte. Nie stand das keineswegs provinzielle kulturelle Leben still, während der Hafen gleich einem riesigen Kondensator die ganze werktätige Bevölkerung an sich zog.

Gleichzeitig jedoch wurde Batum von zahlreichen Feluken mit Apfelsinen oder Mandarinen aus der benachbarten Türkei angelaufen – sie kamen von Rize oder Trapezunt (in Batum sagte man: Trebisond). Die duftenden Zitrusfrüchte waren auf Deck zu Pyramiden aufgebaut, die Feluken selbst erinnerten an bunt bemalte Ostereier.

Immer wieder sah ich das gleiche Bild – auf den mit einer Bastmatte bedeckten Apfelsinen rekelten sich alte Türken, die wohlig schmatzend starken, duftenden Kaffee schlürften.

Doch nicht nur die Feluken, auch das Kieselgeröll am Ufer strömte Kaffeegeruch aus. Ein Saum von Kaffeesatz lief an ihm hin. Orangenfarbene Fetzen von Mandarinenschalen traten auf dem Kaffeesatz hervor.

Abends beteten die Felukenfahrer, auf ihren Apfelsinenbergen sitzend und das Gesicht nach Südosten, in

Richtung Mekka gewandt – sie warfen dabei die Arme hoch und drückten die Stirn gegen die kalten Apfelsinen.

Dort, wo Mekka lag, braute ein violetter Nebel, den das Sternenlicht noch nicht durchdrang. Die Felukenfahrer glaubten, hinter diesem Nebel ströme ein himmelblauer paradiesischer Fluss dahin – Kowser, der »Fluss aller Flüsse«.

Auch ich hätte gern daran geglaubt, doch ich vermochte schon nicht mehr, mich in meine Kindheitstage zurückzuversetzen.

Ich war damals der unsinnigen Meinung, dass jeder neue Gedanke, jedes Körnchen von mir erworbenen Wissens einen Beitrag zur Gesamtsumme der Kultur darstelle.

Nun ja, Batum und der Batumer Hafen rochen nach Mandarinen, nach Erdöl und nach Tang.

Der Tang hing in üppigen, dunkelgrünen, fast schwarzen Strähnen von den Hafenpfählen herab. Obwohl die Meereswellen ihn ununterbrochen durchspülten, wurde er nicht heller und verlor auch nicht seinen Arzneigeruch.

In der Stadt selbst, ein wenig abseits vom Hafen, besonders am Primorskij-Boulevard, der an die Strandpromenade von Singapur oder Bombay erinnerte, herrschte süßlicher Magnoliengeruch vor, während es weiter draußen, nach der Vorstadt Barzchana zu, wo die Sinjawskijs lebten, hinter staubigen, stachligen Zäunen hervor nach Heckenrosen duftete.

NESTAN (NENE) KWINIKADZE
Techno der Jaguare

Es ist Mittag.

Wie ich feststellen musste, hatte ich meinen Schlüssel nicht dabei. Sopho war in einen Schönheitssalon gegangen, ohne mir den Schlüssel zu hinterlegen. Was sollte ich nun machen? Ungefähr eine Stunde lang musste ich draußen ausharren. Ich ging den Boulevard entlang, übernächtigt und mit brummendem Schädel. Schlecht gelaunt schlich ich vor mich hin. Ich bemerkte, dass man neue Bänke aufgestellt hatte. Die Anordnung der Bänke ließ mich an ein Amphitheater denken. Auf den Bänken saßen Leute: Kinder mit Müttern, Liebespärchen, alte Ehepaare. So wie die Bänke aufgestellt waren, blickten alle in dieselbe Richtung. Als würden sie auf etwas lauern oder etwas Bestimmtes erwarten. Im Allgemeinen oder von mir? Ich glaube, von mir. Ich blieb stehen und hob eine Hand, die andere hielt ich mir vor den Bauch und sagte ehrerbietig:

»Es grüßt euch der tanzende Wiedehopf!« Peinliches Schweigen. Um genau zu sein: Die ganze Küste war von Schweigen ergriffen. Die Wellen des Schweigens schwappten sogar bis nach Istanbul und übertönten dort die arabischen Radiofrequenzen. Von irgendwo dort vernahm ich das Klacken einer Gebetskette, und in einer leeren Schachtel verglühten Tabakreste. Alle starrten mich an. Scham überkam mich. Ich begriff die Unangemessenheit meiner Aktion und enteilte vom Tatort.

Ich starrte auf das Meer hinaus und überflog eine Zeitschrift: »Techno erobert die Herzen der Menschen«, stach die Überschrift hervor.

Hey, ihr da, auf der sowjetischen Afterparty!

Heute ist der Todestag der Schwester meines Großvaters. Morgen der seiner zweiten Schwester und nächste

Woche der seiner dritten. So waren sie dahingegangen, eine nach der anderen.

Ich wurde von drei Großmüttern, Großvater, Mutter, Vater, Onkel und Tante großgezogen. Von meinem Großvater stahl ich teure Füller und verkaufte sie billig an meinen Vater – ich schwindelte ihn an, dass es ein Geschenk von einem Schulkameraden sei. Mein lukratives Geschäft fand jedoch ein jähes Ende, als ich meinem Vater einen Füller mit goldener Feder verkaufte, den mein Großvater als Ehrengabe aus Brüssel bekommen hatte. Als mein Vater während einer hitzigen intellektuellen Debatte im Familienkreis stolz damit herumgestikulierte, riss mein Großvater die Augen auf. Mein Vater erstarrte mitten in seiner Geste, und dann warfen mir beide vorwurfsvolle Blicke zu.

»Du Diebin!!!«, klang es mir den ganzen Abend lang in den Ohren.

»Verräterin!!!«

Aber sie verziehen mir. Wie lange hätten sie mir schon die kalte Schulter zeigen können? Schließlich bestand für alle diese Leute der Sinn des Lebens darin, sich um mein Wohlergehen zu sorgen.

Als mich einmal eine meiner Großmütter von der Schule abholte, deponierte ich ein Kuchenstück aus einer französischen Bäckerei in meiner Tasche, nachdem ich es nicht geschafft hatte, es zu essen. Kaum zu Hause angelangt, verschwand meine Großmutter ins Badezimmer, und aus Angst, bestraft zu werden, zog ich mir schnell einen Stuhl heran und legte das Kuchenstück oben auf den Kühlschrank. Am Abend versammelten wir uns alle im Wohnzimmer. Der eine meiner Erziehungsberechtigten hatte eine Schultasche für mich gekauft, der andere ein Kleid, ein Lego-Haus oder Kekse ... und man betratschte die üblichen Alltäglichkeiten. Plötzlich ertönte die Stimme einer meiner Großmütter aus der Küche, die verwundert ihre ältere Schwester fragte, ob sie das Kuchenstück auf den Kühlschrank gelegt habe. Ich begriff sofort, dass, wenn ich jetzt schwiege, in unserer großen Familie ein sehr interessantes Spiel beginnen würde. Und tatsächlich ging es gleich los.

»Nein, wahrscheinlich hat es der Vater für Gogona gekauft.«

»Ich war das nicht!«

»Ich auch nicht!«

Einer nach dem anderen stand auf. Die Luft knisterte.

»Seid doch nicht so kindisch, wer war es denn nun?« Die Stille lag schwer in der Luft, und die Blicke wanderten im Kreis. Mit einem Hauch von Unschuld summte ich vor mich hin.

»Merkwürdig«, sagte die Großmutter, die das Kuchenstück entdeckt hatte, nachdenklich und warf es in den Müll. Es schien, als ob alles wieder seinen gewohnten Gang gehen würde.

Ich wollte das Spiel aber fortführen, und so kaufte ich jeden Tag ein Kuchenstück und legte es auf den Kühlschrank. Nach einer gewissen Zeit wurden die Familienmitglieder misstrauisch, erst tauschte mein Großvater das Schloss der Wohnungstür aus. Dann bestellten meine Großmütter unsere Nachbarn zu uns, um sie auszufragen, ob sie mich vielleicht vergiften wollten. Und um das Spiel spannend zu halten, heulte ich manchmal: »Ich habe Angst, was ist hier los, ich habe doch niemandem etwas getan!«

Die Farce nahm kein Ende, und letztlich hielt auch in unserer Familie die in der ganzen Stadt verbreitete Geschichte von Außerirdischen und Poltergeistern Einzug. Und als die Erwachsenen meiner Familie einer nach dem anderen sogar begannen, ihre Arbeit zu schwänzen, um der Sache auf die Schliche zu kommen, bekam ich Angst. An einem Abend nahm ich die toleranteste meiner Großmütter an der Hand und brachte sie in mein Zimmer. Zuerst ließ ich sie ihr Ehrenwort geben, dass sie mich weder umbringen noch bestrafen würde, wenn ich ihr ein Geheimnis verraten würde. Sie sah mich verwundert an:

»Aber dich hat doch noch niemand jemals angefasst, mein Kind ...«

»Oma, ich bin es, die täglich das Kuchenstück auf den Kühlschrank legt. Wenn ihr mich deswegen rauswerfen wollt, dann bin ich bereit!«

Es ist wahrscheinlich schwer erträglich, wenn eine Achtjährige ihre Erziehungsberechtigten, lauter Professoren und Lehrer, die sich nur um ihr Wohl sorgen, dermaßen an der Nase herumführt. Was nützte meinem Großvater seine weltweit gerühmte Weisheit, wenn sein eigenes Enkelkind ihn so täuschen konnte?

»So eine Unverschämtheit! Du Lügnerin!«

Einen Monat lang musste ich auf alles verzichten.

Danach wurde ich wieder »geliebt«.

Wenig später verprügelte ich das Nachbarskind, das ich bezichtigte, meine Haarspangen gestohlen zu haben. Ich schlug sie so heftig, dass mir drei Monate lang nicht nur die schönen Kleider und das neue Spielzeug entzogen wurden, sondern sogar die Süßigkeiten.

Dann kam ich in die Pubertät und fand meinen Platz in einer Clique von Möchtegern-Transvestiten. Danach bestand ich darauf, auszuziehen, und bis heute ...

Ja, bis heute weiß ich immer noch nicht, wie viele Fische im Schwarzen Meer schwimmen, aber ich weiß, dass das Lesen von dicken Büchern nichts als Einsamkeit bedeutet. Früher war ich immer für alles Feuer und Flamme. Aber als ich einmal im Frühsommer an einer Schule vorbeilief, wo sich fröhliche Kinder mit dem Optimismus des Sternenbanners gegenseitig mit Coca-Cola-Flaschen nassspritzten, befürchtete ich, dass sie auch mich bespritzen und damit mein Marks-&-Spencer-Outfit ruinieren würden. Von wegen! Sie würdigten mich keines Blickes. Und in diesem Frühsommer stellte ich zum ersten Mal fest, dass ich erwachsen geworden war. Erwachsen und uninteressant. Dass meine alltägliche Routine langweiliger geworden war als die einer Bankangestellten und schmerzhafter als eine Mandeloperation. Trotzdem war ich nicht einsam. Ich liebte ihn, und er liebte mich. Unsere Beziehung dauerte drei Jahre … Ich fragte ihn, ob ich langweilig sei, und er verneinte …

Wir hatten uns auf einer Vernissage kennengelernt. Im typischen Stil der Achtziger angezogen, hielt ich mein Gesicht im Kragen meiner Lederjacke versteckt. Ich lehnte mich gegen die Eingangstür. Es war kalt. Aus der Ferne läuft ein Junge in meine Richtung, geht auf meine Freundin Sopho zu und sagt: Kann es sein, dass wir uns aus den Neunzigern kennen? Ich musste lächeln. Bis heute kann ich nicht verstehen, wieso mich dieser Satz so angemacht hat.

Danach drehte er sich zu mir um und starrte mich an.

»Wo wohnst du?«

»Am Nildelta«, antwortete ich, und vom nächsten Tag an waren wir zusammen.

Nirgends weht,
nirgends weht,
nirgends weht ein solcher Wind.

Irakli Abaschidse

Autoren und Quellen

Anonym (um 458): *Die Gründung von Tbilissi*, aus: Fried Nielsen (Hg.): *Europa Erlesen Georgien*, Wieser Verlag, Klagenfurt/Celovec, S. 17. – Übersetzt von Gertrud Pätsch. © Wieser Verlag, Klagenfurt/Celovec

Andrej Bitow, geboren 1937 in Leningrad, lebt heute in Moskau und St. Petersburg und hat Erzählungen, Essays, Romane und Reiseberichte veröffentlicht.
Dschwari nicht zu sehen, aus: *Georgisches Album. Auf der Suche nach Heimat*, Suhrkamp Verlag, Berlin 2017, S. 205–212. – Übersetzt von Rosemarie Tietze. © Andrej Bitow / Suhrkamp Verlag Berlin

Zaza Burchuladze, 1973 in Tbilissi geboren, Autor und Übersetzer, lebt seit 2014 in Berlin.
Lust auf gute Taten (Titel der Hg.), aus: *Touristenfrühstück*, Blumenbar, Berlin 2017, S. 20/21. – Übersetzt von Natia Mikeladse-Bachsoliani. © Aufbau Verlag GmbH & Co. KG, Berlin

Naira Gelaschwili wurde 1947 in Ostgeorgien geboren, seit 1954 lebt sie als Autorin, Übersetzerin und politische Aktivistin in Tbilissi.
Der Vater und das Wasser, aus: Naira Gelaschwili (Hg.), *Georgische Erzählungen des 20. Jahrhunderts*, Suhrkamp Verlag, Frankfurt a. M. 2000, S. 114–119. – Übersetzt von Naira Gelaschwili. © der deutschen Ausgabe: Suhrkamp Verlag Frankfurt a. M.

Tonino Guerra wurde 1920 in Santarcangelo di Romagna (Italien) geboren, wo er 2012 auch starb, war ein Lyriker und Drehbuchautor, unter anderem für Fellinis Filme.
Lauer Regen, aus: *Lauer Regen. Eine Erzählung*, Klöpfer & Meyer, Tübingen 1997, S. 68–71. – Übersetzt von Elsbeth Gut Bozzetti. © Klöpfer, Meyer und Co Verlagsgesellschaft mbH

Nino Haratischwili, 1983 in Tbilissi geboren, lebt als Romanautorin, Dramatikerin und Theaterregisseurin in Hamburg.

Die Macht des Kaffeesatzes (Titel der Hg.), aus: *Das achte Leben (für Brilka),* Frankfurter Verlagsanstalt, Frankfurt a. M. 2014, S. 17–21. © Frankfurter Verlagsanstalt GmbH, Frankfurt a. M.

Rewas Inanischwili, 1926 geboren in Chaschmi (Georgien), gestorben 1991 in Tbilissi, schrieb Drehbücher und Erzählungen für Kinder und Erwachsene.
Der grüne Nebel, aus: Naira Gelaschwili (Hg.), *Georgische Erzählungen des 20. Jahrhunderts*, Suhrkamp Verlag, Frankfurt a. M. 2000, S. 23–30. – Übersetzt von Sergi Okropiridse. © der deutschen Ausgabe: Suhrkamp Verlag, Frankfurt a. M.

Kote Jandieri, geboren 1958 in Tbilissi. Winzer und Schriftsteller.
Die große Ulme (Titel der Hg.), aus: *Globalisierung. Eine georgische Geschichte*, KLAK Verlag, Berlin 2018, S. 67–71. – Übersetzt von Natia Mikeladse-Bachsoliani. © KLAK Verlag

Dato Kardava (Pseudonym für Jimsher Rekhwiaschwili) wurde 1968 geboren und lebt heute als Schriftsteller und Journalist in Tbilissi.
Über den Mtkwari (Titel der Hg.), aus: *The Mtkvari and its Two Banks*, Intelekti, Tbilissi 2013 – Übersetzt von Elene Gvasalia. © Dato Kardava 2018

Zurab Karumidze, geboren 1957 in Tbilissi, Schriftsteller und außenpolitischer Berater der georgischen Regierung.
Schöpferisches Gekritzel (Titel der Hg.), aus: *Dagny oder ein Fest der Liebe*, Weidle Verlag, Bonn 2017, S. 53–58. – Übersetzt von Stefan Weidle. © Weidle Verlag, Bonn

Navid Kermani, 1967 in Siegen geboren, lebt als freier Schriftsteller in Köln, erhielt unter anderem den Friedenspreis des Deutschen Buchhandels.
Fünfunddreißigster Tag, aus: *Entlang den Gräben. Eine Reise durch das östliche Europa bis nach Isfahan*, C. H. Beck, München 2018, S. 231–233. © Verlag C. H. Beck oHG

Helga Kurzchalia, geboren 1948 in Berlin, wo sie bis heute als Psychologin und Autorin lebt.

Lamara an Dito, aus: *Lamaras Briefe*, Lichtig Verlag, Berlin 2010, S. 76/77. © Helga Kurzchalia 2010

Nestan (Nene) Kwinikadze, geboren 1980 in Tbilissi, Journalistin und Schriftstellerin.
Techno der Jaguare, aus: Manana Tandaschwili, Jost Gippert (Hg.), *Techno der Jaguare*, Frankfurter Verlagsanstalt, Frankfurt a. M. 2013, S. 167–172. – Übersetzt von Mariam Kamarauli. © Frankfurter Verlagsanstalt GmbH, Frankfurt a. M.

Aka Morchiladze, geboren 1966 in Tbilissi. Schriftsteller, arbeitete zuvor auch als Journalist und Dozent.
Bürgerkrieg oder so was (Titel der Hg.), aus: *Reise nach Karabach*, Weidle Verlag, Bonn 2018, S. 5/6, 15–24. – Übersetzt von Iunona Guruli. © Weidle Verlag, Bonn

Fried Nielsen, 1961 in Nordfriesland geboren, war mehrere Jahre lang Botschafter in Georgien, arbeitet als Publizist.
Winterabende nach der Unabhängigkeit, aus: Fried Nielsen (Hg.), *Europa Erlesen Georgien*, Wieser Verlag, Klagenfurt/Celovec 2006, S. 58–63. © Wieser Verlag, Klagenfurt/Celovec

Amiran Ninua, Lebensdaten unbekannt, vermutlich Ethnograf.
Die Legende vom Dudelsack, aus: Steffi Chotiwari-Jünger (Hg.): *Georgische Kurzgeschichten. Georgisch–Deutsch*, Helmut Buske Verlag, Hamburg 2016, S. 11–27. – Übersetzt von Steffi Chotiwari Jünger und Artschil Chotiwari. © Helmut Buske Verlag GmbH, Hamburg

Boris Pasternak, geboren 1890 in Moskau, wo er 1960 starb, russischer Schriftsteller und Nobelpreisträger.
Brief nach Georgien (Titel der Hg.), aus: *Wenn es aufklart. Werkausgabe Bd. 3. Gedichte, Erzählungen, Briefe*, S. Fischer Verlag, Frankfurt a. M. 2017. – Übersetzt von Heddy Pross-Weerth. © S. Fischer Verlag GmbH, Frankfurt a. M.

Konstantin Georgijewitsch Paustowski, Schriftsteller und Journalist, geboren 1892 in Moskau, gestorben 1968 ebenda.
Batumi, aus: Fried Nielsen (Hg.), *Europa Erlesen Georgien*, Wie-

ser Verlag, Klagenfurt/Celovec 2006, S. 168–174. – Übersetzt von Georg Schwarz.

Iwa Pesuaschwili, 1990 geboren, schreibt Erzählungen und Drehbücher, unter anderem für die Filmreihe *Tiflis*.
Za, aus: Iwa Pesuaschwili, *Wzade*, Intelekti, Tbilissi 2014, S. 5–53. – Übersetzt von Katharina Stadler.

Guram Rtscheulischwili, 1934–1960, georgischer Schriftsteller und Lyriker, im Schwarzen Meer ertrunken.
Das Alawerdi-Fest, aus: *Zwischen Felsen und Geschichten. Erzählungen aus Georgien*, Friedrich-Schiller-Universität Jena 2000, S. 154/155, 161/162. – Übersetzt von Heinz Fähnrich

Zurab Rtweliaschwili, geboren 1967 in Karaganda, der Dichter, Performer und Menschenrechtsaktivist lebt seit 2010 in Schweden.
Die Liebespolizei, aus: *Diktatur der Poesie. Gedichte*, KLAK Verlag, Berlin 2018, S. 33. – Nachdichtung von Sabine Schiffner.

Artschil Sulakauri, geboren 1927 in Tbilissi und ebendort 1997 gestorben, arbeitete als Verlagsleiter, Zeitschriftenredakteur und Schriftsteller.
Hochwasser, aus: *Zwischen Felsen und Geschichten. Erzählungen aus Georgien*, Friedrich-Schiller-Universität Jena 2000, S. 5–10. – Übersetzt von Heinz Fähnrich

Othar Tschelidse, geboren 1925 in Tbilissi, erster Gedichtband 1947, gestorben 1998.
Tiger-Ballade, aus: Martin Buchhorn et al. (Hg.), *Neue Poesie aus Georgien*, SDV Saarbrücker Druckerei und Verlag, Saarbrücken 1978, S. 84/85. – Übersetzt von Nelly Amaschukeli und Hans-Bernhard Schiff.

Grigol Tschikowani, geboren 1910 in Choni, gestorben 1981 in Tbilissi, schrieb ab den 1930er Jahren Romane und Erzählungen.

Die Heimkehr, aus: Ruth Neukomm (Hg.), *Georgische Erzähler der neueren Zeit*, Manesse Verlag, Zürich 1970, S. 354–359. – Übersetzt von Ruth Neukomm

Dato Turaschwili, geboren 1966 in Tbilissi, Schriftsteller und Dozent für moderne Literatur.
Gega, aus: *Westflug*, Verlag Klaus Wagenbach, Berlin 2014, S. 34–39. – Übersetzt von Anastasia Kamarauli. © 2008 Dato Turaschwili / 2014 Verlag Klaus Wagenbach GmbH

Stephan Wackwitz, geboren 1952 in Stuttgart, Schriftsteller, arbeitete viele Jahre für das Goethe-Institut, unter anderem in Tbilissi.
Griechische und römische Welt (Titel der Hrsg.), aus: *Die vergessene Mitte der Welt. Unterwegs zwischen Tiflis, Baku, Eriwan*, S. Fischer, Frankfurt a. M. 2014, S. 22/23. © S. Fischer Verlag GmbH, Frankfurt a. M.

Die Herausgeber/innen

Manfred Heinfeldner studierte Romanistik und Geschichte in München, Stuttgart und Toulouse sowie Islamwissenschaft und Indologie in Tübingen. Er ist Journalist bei Zeitschriften, in Hörfunk und Fernsehen.

Lena Luczak studierte Literatur- und Kulturwissenschaft in Berlin und Paris und ist Lektorin für englischsprachige Literatur und politisches Sachbuch im Wagenbach Verlag.

Copyrights der Fotografen

Martin Zentner: S. 2, 4, 22, 48
Heiko Fischer: S. 6, 21, 29, 36

LESEN SIE WEITER!

Dato Turaschwili Westflug *Roman*

Mitte der achtziger Jahre in Georgien: Sieben junge Erwachsene aus der Mitte der Gesellschaft wollen sich nicht mehr mit den Ungerechtigkeiten der sowjetischen Realität abfinden. Sie entwickeln einen Plan, der ihnen die Freiheit bringen soll, aber tödlich endet.

Aus dem Georgischen von Anastasia Kamarauli
WAT 728. 176 Seiten. Auch als E-Book erhältlich

Wien *Eine literarische Einladung*

Schriftsteller grantln und raunzen über ihre Stadt und deren Bewohner. Die ideale Lektüre fürs Kaffeehaus oder fürs Sofa daheim.

Herausgegeben von Margit Knapp und mit Illustrationen von Franziska Schaum. *SVLTO.* Rotes Leinen. Fadengeheftet. 144 Seiten

Berlin *Eine literarische Einladung*

Autoren aus Ost-, West- und ganz Berlin erklären die raue Schönheit der deutschen Hauptstadt und den spröden Charme ihrer Bewohner.

Herausgegeben von Susanne Schüssler und Linus Guggenberger
SVLTO. Rotes Leinen. Fadengeheftet. 144 Seiten

Venedig *Eine literarische Einladung*

Venedig aus der Sicht heutiger Autoren, die in der Serenissima geboren wurden oder dort leben.

Herausgegeben von Susanne Müller-Wolff
SVLTO. Rotes Leinen. Fadengeheftet. 144 Seiten mit Abbildungen

Wenn Sie mehr über den Verlag und seine Bücher wissen möchten, schreiben Sie uns eine Postkarte oder elektronische Nachricht (mit Anschrift und E-Mail). Wir informieren Sie dann regelmäßig über unser Programm und unsere Veranstaltungen.

Verlag Klaus Wagenbach Emser Straße 40/41 10719 Berlin
www.wagenbach.de vertrieb@wagenbach.de

Georgien. Eine literarische Einladung erschien im Herbst 2018 als 237. *SVLTO*.

Wir bedanken uns bei den Autoren, Fotografen und Verlagen für die freundliche Genehmigung zum Abdruck (siehe Autoren- und Quellenverzeichnis).

Dieses Buch wurde im Rahmen des Ehrengastprogramms Georgien bei der Frankfurter Buchmesse 2018 mit Unterstützung des Georgian National Book Center und dem Ministry of Culture and Sport of Georgia veröffentlicht.

The book was published in the frames of the program Georgia the Guest of Honour country at the 2018 Frankfurter Buchmesse with the support of the Georgian National Book Center and the Ministry of Culture and Sport of Georgia.

GEORGIAN NATIONAL BOOK CENTER

MINISTRY OF CULTURE AND SPORT OF GEORGIA

Georgia Made by Characters
Ehrengast Georgien
Frankfurter Buchmesse 2018

Emser Straße 40/41, 10719 Berlin www.wagenbach.de
Covergestaltung Julie August unter Verwendung eines Fotos © 2015 Frans Sellies/getty images. Gesetzt aus der Dante MT. Vorsatzpapier von peyer graphic, Leonberg. Leinen von Gebr. Schabert, Strullendorf. Gedruckt auf Schleipen und gebunden bei Kösel, Krugzell.
Printed in Germany.

ISBN 978 3 8031 1336 8

9 783803 113368

TBILISSI
თბილისი